HAMBURGER
UMLAND

Abseits des Trubels locken verschwiegene Plätze, wie hier bei Timmendorf

HAMBURGER UMLAND
DIE 99 BESONDEREN SEITEN DER REGION

entdeckt von Christine Lendt

mitteldeutscher verlag

Inhaltsverzeichnis

Das große Besondere
1 Nahes Wasser: Elbe, Nord- und Ostsee **9** **2** Landschaftlicher Dreiklang **13** **3** Obst, Gemüse und Baumschulen: die Kulturlandschaften **17** **4** Biosphärenreservat Flusslandschaft Elbe **21** **5** Naherholungsgebiet dank Pastor: Lüneburger Heide **25**

Das Besondere
6 Mächtige Tore in Brunsbüttel **29** **7** Fayencen aus der Keramikstadt Kellinghusen **31** **8** Polygonales und Matjes-Kultur in Glückstadt **33** **9** Blütenpracht in Uetersen **35** **10** Willkomm-Höft Wedel **37** **11** Hafenstadt vor den Toren Hamburgs: Wedel **39** **12** Blankenese, zum Verlaufen schön **41** **13** Pinneberger Baumschulland **43** **14** Zeitreise im Museumsdorf Volksdorf **45** **15** Bei Isegrim im Wildpark Eekholt **47** **16** Oberes Alstertal **49** **17** Indianer und Fledertiere in Bad Segeberg **51** **18** Informative Hanseschwester: Lübeck **53** **19** Hamburgs Badewanne: Timmendorfer Strand **55** **20** Bei den von Bismarcks im Sachsenwald **57** **21** Verrenkungen vor Möllner Backsteingotik **59** **22** Lauenburgische Seen und Biosphärenreservat Schaalsee **61** **23** Auf dem Elbe-Radweg **63** **24** Europas größte Flussinsel Wilhelmsburg **65** **25** Wo die Elbe ‚dove' und ‚gose' wurde **67** **26** Bergedorf, Marschbahndamm **69** **27** Explosives am Elbhang: Geesthacht **71** **28** Elbschifferstadt Lauenburg **73** **29** Schiffshebewerk Scharnebeck **75** **30** Meister Bockert in Bleckede **77** **31** Zweierlei Erbe in Hitzacker **79** **32** Sülfmeisterstadt Lüneburg **81** **33** Historisch nach Lübeck und Bardowick **83** **34** Schnuckelige Heidschnucken **85** **35** Dämonenflug im Heide Park Resort **87** **36** Regionalpark Rosengarten **89** **37** Agrar-Einblicke auf dem Kiekeberg **91** **38** Fischbeker Heide **93** **39** Landeanflug auf Finkenwerder **95** **40** Rund um Jork **97** **41** Stade, heimlich charmant **99** **42** Stadtteil im Wattenmeer: Insel Neuwerk **101** **43** Drachenstrand Sankt Peter-Ording **103**

Das kleine Besondere
44 Für Pottkieker: Freibad Ulitzhörn **104** **45** Schlick-Engeln bei der Wattolümpiade **105**

46 Letzte Ruhe Bökelnburg 106   **47** Torf-Ever und Kümos in Dithmarschen 107   **48** Brunnenkunde in der Wilstermarsch 108   **49** Bokeler Karpfen 109   **50** Störkathener Heide 110   **51** Liliencron in Kellinghusen 111   **52** Glücklich im Beach-Club Glückstadt 112   **53** Mit der Fähre Kronsnest über die Krückau 113   **54** Haseldorfer Binnenelbe 114   **55** Klotstockspringen 115   **56** Radeln am Kollmaraner Deich 116   **57** Knastessen auf der Schlossinsel Barmstedt 117   **58** Kerzenhaus im Wasserturm Elmshorn 118   **59** Bienenmuseum Moorege 119   **60** Reepschlägerhaus Wedel 120   **61** Pony-Spaziergang um die Waldschänke 121   **62** Regionalpark Wedeler Au 122   **63** Befreites Zelten im Elbe-Camp 123   **64** Bahnhofserwachen Halstenbek 124   **65** Erlebniswald Trappenkamp 125   **66** Biene Maja am Bredenbeker Teich 126   **67** Naturbad Ostende 127   **68** Wasserkunst Elbinsel Kaltehofe 128   **69** Die Boberger Niederung 129   **70** Kuddels Erbe: Zollenspieker Fähre 130   **71** Billetal und Grander Mühle 131   **72** Fürstliche Unterführung Friedrichsruh 132   **73** Doppelstockbeiwagen in Aumühle 133   **74** Hautfreuden im Sachsenwaldbad 134   **75** Kürbisscheune in Schwarzenbek 135   **76** Gut Groß Zecher 136   **77** Schaalseefischerei 137   **78** Erlebnisbahn Ratzeburg 138   **79** Palmschleuse Lauenburg 139   **80** Erstes Deutsches Fliesenmuseum 140   **81** Militärisches Fünfeck in Dömitz 141   **82** Sesshafte Riesendüne Dömitz 142   **83** Camping-Lockruf aus Stove 143   **84** Kanustation Gartow 144   **85** Gesamtkunstwerk Bossard 145   **86** Freifußgefühle in Egestorf 146   **87** A Summer's Tale 147   **88** Bauernhofeis Salzhausen 148   **89** Haus der Maritimen Landschaft Unterelbe 149   **90** Leuchtturmmuseum Hollern-Twielenfleth 150   **91** Kino-Hotel Meyer 151   **92** Baumhaus-Museum Stade 152   **93** Moorexpress Stade-Bremen 153   **94** Alte Elbfestung Grauerort 154   **95** Elbinsel Krautsand 155   **96** Kehdinger Küstenschiffahrts-Museum 156   **97** Schwebefähre Osten-Hemmoor 157   **98** Natureum Niederelbe 158   **99** Tränen Erzeugendes in Cuxhaven 159

Überraschungen am Rande der Metropole

Hamburg bietet so viele Facetten, dass selbst Einheimische oft gar nicht auf die Idee kommen, auch einmal das Umland genauer zu erkunden. Doch abseits des touristischen Trubels an den Landungsbrücken, wo die Straßen schmaler werden und die Elbe immer ursprünglicher, verbirgt sich noch viel anderes. Die Eiszeit hinterließ Marschen, Geest, Hügel und etliche Seen, der Mensch verschiedenste traditionelle Kulturlandschaften, die noch heute von Bedeutung sind. Nah sind auch einige große Ferienziele an den beiden Meeren oder im Hinterland, die sich bereits für einen Tagesausflug anbieten. Neben weiteren berühmten Hansestädten wie Lübeck lohnen sich auch die heute unbekannteren wie Stade oder Lüneburg; sie gehörten dem Kaufmannsbund ebenfalls an und berichten davon mit überaus schmucken Ansichten. Alle, die gern Ungewöhnliches unternehmen, können etwa mit der kleinsten Fähre Deutschlands fahren, Malereien einer Fürstin in einer Bahnunterführung betrachten oder sich für ein Fisch-Peeling in die Heide begeben. Auch einige äußere Bezirke oder Stadtteile bieten Besonderes, seien es Elbvororte wie Blankenese, Europas größte Flussinsel Wilhelmsburg oder Bergedorf mit seinen herrlichen Fahrradstrecken und der idyllischen Dove-Elbe. Daher wurden auch sie teilweise in dieses Buch mit einbezogen, das dazu einladen soll, auch einmal über den Teller- oder vielmehr Hafenrand zu schauen.

Viel Vergnügen dabei wünscht Ihnen
Christine Lendt

■ Die Ostsee ist schnell erreicht, etwa der schmucke Hafen von Niendorf

An Flussufern zwischen zwei Meeren

„Hamburg liegt am Ausflusse der Ostsee in die Elbe", so soll Johann Georg August Galletti (1750–1828) es erklärt haben, was damals für Gekicher sorgte. Der deutsche Historiker, Geograph und Gymnasialprofessor hätte vielleicht lieber Opernsänger werden sollen wie sein italienischer Vater. Von ihm kamen auch Sätze wie: „Nach der Schlacht von Leipzig sah man Pferde, denen drei, vier und noch mehr Beine abgeschossen waren, herrenlos herumlaufen." Seine hellauf begeisterten Schüler sammelten diese und andere Kathederblüten, die schließlich als „Gallettiana" veröffentlicht wurden. Doch der zerstreute Professor aus Gotha, wie er auch genannt wurde, brachte auch etliche ernstzunehmende Ausführungen zustande und erntete Anerkennung als Wissenschaftler. Mit seiner Aussage zur Geographie Hamburgs hatte er in gewisser Hinsicht durchaus Recht. Ist doch die Ostsee der Hansestadt so nah und war schon damals über einen Kanal, die Stecknitzfahrt, mit der Elbe verbunden – und nicht nur das, in der anderen Richtung geht es am Fluss entlang bis zur Nordsee. Wahrscheinlich war Galletti einfach nur begeistert von der vielfachen Nähe Hamburgs zum Wasser. Wer hier lebt oder Urlaub macht, braucht (je nach Startpunkt) nur ungefähr eine Stunde zu fahren, um ans westlich gelegene Wattenmeer zu gelangen oder, in östlicher Richtung, nach Lübeck, Travemünde oder Timmendorfer Strand. Hat man von dem einen Meer gerade mal die Schnauze voll, nimmt man eben das andere. Möchte man einmal keins von beiden sehen, bleibt man eben an der Elbe, wo wiederum etliche schöne Strän-

www.ostsee-schleswig-holstein.de
www.nordseetourismus.de

Ob Ostsee, Nordsee oder Elbe, rund um Hamburg ist das Wasser immer in der Nähe.

■ Nahe Nordsee: In „SPO" ploppen im Sommer die Strandzelte auf

de und andere Ausflugsziele zu finden sind. Ja, noch dazu lässt sich nach Belieben das Ufer wechseln, um noch mehr Abwechslung zu erleben. Viele dieser Ziele lassen sich bei Tages- und Wochenendtouren verbinden. In westlicher Richtung bezirzen schon äußere Stadtteile wie das bezaubernde Blankenese mit seinem Treppenviertel und Sandstrand oder gegenüber Cranz mit Panoramablicken vom Deich. An der Stadtgrenze folgen lohnenswerte Orte wie Wedel mit seiner Schiffbegrüßungsanlage oder, am südlichen Ufer, das schmucke Hafenstädtchen Stade. So kann man sich allmählich weiter vorarbeiten: Hier Glückstadt mit leckerem Matjes, Brunsbüttel mit den eindrucksvollen Schleusen des Nord-Ostsee-Kanals. Dort das grüne Nordseebad Otterndorf und die Elbinsel Krautsand. An beiden Ufern bilden die Elbmündung und das Wattenmeer den krönenden Abschluss. In der anderen Richtung reihen sich an der nahen

Lübecker Bucht die Ostseestrände mit Steilküsten und eigenem Charakter. Auch einige Strände der mecklenburgischen Küste sind schnell erreicht.

All dies erklärt vermutlich, warum einer Studie zufolge in Hamburg und der Region besonders glückliche Menschen leben, obwohl das Wetter, nun, sagen wir … etwas gewöhnungsbedürftig sein kann. Wäre dieses wie im Süden, die Stadt platzte derart aus allen Nähten. Viele haben längst entdeckt, wie schön es trotzdem sein kann: An der Elbe glühen die Grills auch bei Nieselregen, und am Wasser ist es gerade herrlich, wenn eine Brise weht, in der eine Note von Salz zu erahnen ist.

Die Elbe sorgt schon am Stadtrand für bleibende Eindrücke

■ Heidelandschaften mit Schnucken gibt es auch nördlich von Hamburg

Landschaftlicher Dreiklang mit Knicks

2

Die „Schutthalde Skandinaviens" ist das Land zwischen den Meeren, rein erdhistorisch betrachtet. So kommentiert es die Gesellschaft für Schleswig-Holsteinische Geschichte (GSHG). Während der Saale-Eiszeit schoben sich dicke Eispanzer aus dem Nordosten heran, formten die Becken der heutigen Ostsee, nahmen dabei bergeweise Steine, Sand und Ton mit. Als das Eis nach 75.000 Jahren abgeschmolzen war, blieb dieser Schutt liegen und formte das Relief der Landschaft.

www.geschichte-s-h.de
www.schleswig-holstein.nabu.de

Auf den ersten Blick ist vor allem nördlich von Hamburg alles platt und irgendwie ähnlich. Doch wer sich genauer umsieht, stellt fest, dass sich die Landschaft von einem Meer zum anderen hin deutlich verändert: Entlang der Nordsee und der Elbe erstrecken sich fruchtbare Marschen. Hier ist das Land tatsächlich flach, weit und breit sind keine natürlichen Erhebungen zu sehen. Bisweilen ist es sogar abgesenkt: In der Wilstermarsch befindet sich die tiefste Landstelle Deutschlands (siehe Nr. 47). Weil diese Landstriche aus angeschwemmten Sedimenten bestehen, werden sie auch als Schwemmland bezeichnet. Sie reichen bis an die Geest, eine gewölbte Landschaft, die wiederum durch Sandablagerungen entstanden ist. Ihr Name leitet sich von dem niederdeutschen Adjektiv „gest"/„güst" ab und bedeutet so viel wie „trocken" oder „unfruchtbar". Die sogenannte Hohe Geest besteht aus End- und Grundmoränen der Saale-Eiszeit. Sie prägt einen großen Bereich vom südlichen Schleswig-Holsteins über Hamburg bis ins nördliche Niedersachsen. Sichtbar wird dies unter anderem auch durch steile

> Von einem Meer hin zum anderen verändert sich die die Landschaft deutlich.

■ Marschenlandschaft an der Haseldorfer Binnenelbe

Elbhänge, wie sie in der Hansestadt selbst, besonders deutlich im Bezirk Altona, und etwa bei Geesthacht zu finden sind, wo der Begriff bereits im Ortsnamen steckt. Zur Hohen Geest gehören außerdem Höhenzüge mit unter anderem den Harburger Bergen und Teilen der Lüneburger Heide. In Richtung Osten schließt sich die in der Weichsel-Eiszeit geformte Niedere Geest (auch: Vorgeest oder Sandergeest) an. Noch weiter östlich wellt sich das Land, und viele Seen glitzern zwischen den Erhebungen. Dies ist das Schleswig-Holsteinische Hügelland, das häufig auch als Östliches Hügelland bezeichnet wird. Spätestens hier also wirft jeder die Vorstellung, der Norden sei nur platt, über den Haufen. Zum Hügelland gehört im näheren Hamburger Umland insbesondere der Naturpark Lauenburgische Seen (siehe Nr. 22). Noch weiter Richtung Küste geht es so „hoch hinaus" – sage und schreibe bis auf 167 Meter – dass eine Region sogar den Namen Holsteinische Schweiz trägt. Gebildet hat sich all dies durch die Jungmoränen der Weichsel-Eiszeit. So bilden also Marsch, Geest und Hügelland, wie die GSHG-Experten versöhnlich resümieren, den „harmonischen landschaftlichen Dreiklang Schleswig-Holsteins".

Auf der Geest und im Östlichen Hügelland sieht man häufig auch die sogenannten „Knicks", rund 0,8 bis 1 Meter hohe Erdwälle, die dicht mit strauchartig wachsenden Gehölzen bestanden sind und daher auch Wallhecken genannt werden. Sie haben mit der Eiszeit nichts zu tun, sondern wurden von Bauern ab dem 18. Jahrhundert zur Abgrenzung von Flurstücken errichtet. Heute tragen auch sie zu einer besonderen Landschaft im Norden bei.

Die Eiszeit prägte auch den Schaalsee südöstlich von Ratzeburg

Idylle mit Gemüseanbau: Die Vier- und Marschlande

Reichtum an Obst, Gemüse, Baumschulen 3

Hamburg umrahmen auch besondere Kulturlandschaften, wie sie unterschiedlicher nicht sein könnten. Die wohl bekannteste ist durch einen Bestseller-Roman in den vergangenen Jahren noch berühmter geworden: Spätestens seit Dörte Hansen kennt man das Alte Land in allen Winkeln der Republik. Schon zuvor zog es etliche Ausflügler und Feriengäste in die Region, die im Frühjahr aussieht, als spiele sie in einer Geschichte mit: Das Apfelblütenland, könnte man sie auch nennen. Ein helles, schier endloses Blütenmeer sorgt für einmalige Fotomotive. Zum Herbst dann, wenn die prallroten Äpfel und andere Früchte reif sind, ist der Anblick ganz anders. Auch zu den anderen Jahreszeiten lohnt sich ein Ausflug nach Cranz, in den westlichsten Stadtteil Hamburgs, oder noch etwas weiter Richtung Stade. Bis hierher erstreckt sich die Kulturlandschaft, die südlich von Finkenwerder beginnt. Mit einer Fläche von rund 170 Quadratkilometern zählt sie zu den größten Obstanbaugebieten Europas. Angebaut werden vor allem Äpfel, anteilig sind es mehr als 70 Prozent, aber auch Birnen, Kirschen, Pflaumen und anderes Obst. Auch wenn gerade keine Blüten oder Früchte an den Stauden hängen, gefällt es mit seinen gemütlichen Dörfern an den mit Schafen bestückten Deichen, besonders hübschem Fachwerk, Windmühlen und Leuchttürmen. Maritimes vereint sich mit bäuerlicher Szenerie, auch das macht diesen Landstrich so besonders. Obsthöfe bieten Direktverkauf und Führungen an, in Restaurants serviert man Altländer Spezialitäten wie Apfelpfanne. Bereits seit 1316 ist der hiesige Obstbau

Tourismusverein Altes Land e. V.
www.tourismus-altesland.de
www.bergedorf.de

> Maritimes vereint sich mit bäuerlicher Szenerie, auch das macht das Alte Land so besonders.

■ Für seine Äpfel ist das Alte Land besonders bekannt

urkundlich nachgewiesen. Allein die Elbschifffahrt machte den Transport der Früchte und ihre die Vermarktung möglich, denn lange mangelte es an festen Wegen. Das Alte Land erstreckt sich im Südwesten Hamburgs. Es umfasst außer Cranz auch die Stadtteile Neuenfelde und Francop sowie die Gemeinde Jork, die Samtgemeinde Lühe und den Neu Wulmstorfer Ortsteil Rübke in Niedersachsen.

Während Hamburgs Obstparadies überregional bekannt sind, wird ihr riesiger Gemüsegarten (13.163 Hektar) häufig übersehen. Doch auch im äußersten Osten der Hansestadt hat sich schon vor Jahrhunderten eine einmalige Kulturlandschaft entwickelt: Die „Vier- und Marschlande" im heutigen Bezirk Bergedorf entstanden mit der Eindeichung der Elbmarsch ab dem 12. Jahrhundert. Davon zeugen noch Feldentwässerungsmühlen und reetgedeckte Hufnerhäuser. Die fruchtbaren Marschböden bieten beste Voraussetzungen für die Landwirtschaft und besonders auch für den Gartenbau. Für die „Vierländer Stiefmütterchen", reisten schon anno dazumal Hobbygärtner aus ganz Deutschland an. Noch immer gefragt sind die weltweit exportierten Vierländer Maiblumen, die hier optimale Wachstumsbedingungen vorfinden. Die Region zwischen dem Fluss Bille sowie der Dove- und Gose-Elbe wird auch als Hamburgs Dreistromland bezeichnet und bietet wundervolle Ausflugsmöglichkeiten. Eine weitere traditionsreiche Kulturlandschaft befindet sich im Nordwesten Hamburgs: Bisher kennen nur wenige das Pinneberger Baumschulland, doch dies ändert sich gerade (siehe Nr. 13).

Die Altländer Blütenkönigin trägt zum Frühjahrsmärchen bei

■ Wo die Elbe noch schmaler ist, bezaubert sie mit Auenlandschaften

Die südlichen Gesichter der Elbe

4

Hamburg und sein Umland sind vor allem bekannt für die Elbe ab dem Hafen bis hin zur Nordsee – den Bereich also, in dem sich Ebbe und Flut bemerkbar machen. Doch auf seiner fast 1.100 Kilometer langen Reise von den Elbquellen in Tschechien bis zur Mündung zeigt der Fluss auch noch ganz andere Gesichter. Zu erleben ist dies bei Touren auf dem Elbe-Radweg, der auch mitten durch Hamburg führt. Es lohnen sich genauso einige Abschnitte im Umland der Hansestadt, auch ohne Fahrrad reizvolle Ausflugsziele. Dazu gehören Ortschaften wie die Schifferstadt Lauenburg, das fachwerkschöne Hitzacker oder Dömitz mit seiner einmaligen Festungsanlage (siehe Nr. 28, 31 und 32).

www.flusslandschaft-elbe.de
www.elbtalaue.niedersachsen.de
www.elbetal-mv.de

Vielen weniger bekannt, beginnt südöstlich der Stadtgrenze der tidenunabhängige Bereich hinter der Schleuse bei Geesthacht: Ab hier beeinflussen Ebbe und Flut den Wasserstand nicht mehr. Eine andere Elbe mit ganz besonderen Lebensräumen ist zu entdecken. Hier vereint sich eine Fluss- und Auenlandschaft, in der etliche Arten zuhause sind, mit einer über Jahrhunderte gewachsenen Kulturlandschaft. In dem Biotop finden viele Tier- und Pflanzenarten Schutz, auch einige, die vom Aussterben bedroht sind oder waren.

Die Fluss- und Auenlandschaft ist ein Biotop für zahlreiche, teils seltene Tier- und Pflanzenarten.

So konnte sich hier auch der einst fast ausgerottete Elbebiber wieder verbreiten. Bei Touren am Fluss sind mit Glück seine Wasserbauwerke oder Nagespuren an Bäumen zu entdecken. Wer sie verpasst, kann die scheuen Tiere auf jeden Fall im niedersächsischen Bleckede beobachten. Das Biosphaerium

Auf dem Elbe-Radweg bei Bleckede

Elbtalaue informiert außerdem über weitere Themen dieser besonderen Natur (siehe Nr. 30).

Aufgrund ihrer Einmaligkeit wurde eine rund 400 Stromkilometer umfassende Region bereits 1997 zum UNESCO-Biosphärenreservat Flusslandschaft Elbe ernannt. Mit einer Gesamtfläche von 3.400 Quadratkilometern ist es das bundesweit größte im Binnenland gelegene Biosphärenreservat. Es gliedert sich in fünf Teilreservate, von denen zwei große relativ nah an Hamburg liegen: Das Biosphärenreservat Niedersächsische Elbtalaue auf der nordwestlichen Seite des Flusses und, quasi gleich gegenüber, das Biosphärenreservat Flusslandschaft Elbe-Mecklenburg-Vorpommern. Der niedersächsische Teil reicht von Lauenburg bis Schnackenburg. Zu entdecken ist dort eine Flusslandschaft mit Feuchtwiesen, Altwassern und Auwaldresten, bewaldeten Talsandflächen und Binnendünen.

Der in Mecklenburg liegende Teil verläuft für 65 Kilometer entlang der Grenze zum Bundesland Niedersachsen. Im Norden grenzt er bei Lauenburg an Schleswig-Holstein, das hier auch einen kleinen Anteil (0,1 Prozent) am Biosphärenreservat hat, und im Süden an Brandenburg. Große Bereiche des mecklenburgischen Gebiets lagen jahrzehntelang abgeschieden an der innerdeutschen Grenze. So konnte sich eine weitgehend naturnahe Flussauenlandschaft entwickeln und erhalten werden. Tiefer im Süden folgen das das Biosphärenreservat Flusslandschaft Elbe-Brandenburg sowie in Sachsen-Anhalt das Biosphärenreservat Mittelelbe mit dem ältesten Teil der Biosphäre.

Überblick über die Vielfalt bietet das Biosphaerium Elbtalaue

■ Die blühenden Zwergsträucher gaben der Landschaft den Namen

Naherholungsgebiet dank Heidepastor 5

Wilhelm Bode, geboren 1860 in Lüneburg, wurde Pfarrer. Vielleicht aber nur, weil sein Vater es wollte. Während seines Studiums der Evangelischen Theologie in Göttingen und Straßburg lauschte er auch anderen Vorlesungen, unter anderem in Naturgeschichte. Er war 45 Jahre alt, als er zusammen mit Mitstreitern den Totengrund kaufte. Das Gebiet nahe dem Wilseder Berg trug diesen Namen, weil es als Trockental für den Ackerbau nicht geeignet war. Bode aber sah seinen wahren Wert und setzte sich das Ziel, seine Natur zu erhalten. Er überzeugte den 1909 in München gegründeten Verein Naturschutzpark e.V. (VNP) von seinem Vorhaben. Dieser hatte sich auf die Fahnen geschrieben, nach dem Vorbild der amerikanischen Nationalparks großflächig Naturschutz zu betreiben. So kaufte er 1910 auch noch den Wilseder Berg, der ansonsten hätte aufgeforstet werden sollen, und konnte nach und nach weitere Flächen erwerben. Bode wurde Generalbeauftragter des Vereins. Selbst tief verwurzelt in der Region, wusste er, wie man mit den Heidebauern reden musste. Es wird heute vor allem dem „Heidepastor" zugeschrieben, dass größere Flächen der landschaftlich einmaligen Region südwestlich von Lüneburg erhalten werden konnten. Auch den Aufbau des Heidemuseums „Dat ole Huus" samt Gaststätte in Wilsede unterstützte der Geistliche. Davon und von dem Engagement des Vereins profitieren heute mehr als vier Millionen Besucher jährlich. Sie strömen gleich aus mehreren Ballungszentren – Hamburg, Hannover und Bremen – herbei, um das Naturschutzgebiet Lüneburger Heide zu

www.lueneburger-heide.de

Zu den schönsten Momenten gehört es, einem Schäfer mit seiner Heidschnuckenherde zu begegnen.

■ Besonders eindrucksvoll ist das Farbenspiel im Spätsommer

genießen. Besonders schön ist es, wenn lila Blütenteppiche bis zum Horizont reichen, durchsetzt von ebenso charakteristischen Wacholderbüschen. Die Heide blüht vom 8. August bis 9. September eines Jahres, lautet eine Faustregel. Es wurden aber auch schon einzelne verwegene Blüten am 7. August gesichtet. Moore und Wälder bereichern die genauso karge wie liebliche Landschaft, mittendrin der Wilseder Berg als höchste Kuppe (169 Meter). Zu den schönsten Momenten gehört es, in der autofreien Zone einem Schäfer mit seiner Heidschnuckenherde zu begegnen. Die Tiere sind als Landschaftspfleger unersetzlich und werden auch wegen ihres Fleisches geschätzt.
Für all dies sind heute viele Wilhelm Bode ziemlich dankbar. Zu seiner Zeit aber gab es auch manche, die ihm Knüppel zwischen die Beine werfen wollten. So sagte man dem Pastor ein außereheliches sexuelles Verhältnis mit Dora Hinrichs nach, der

jungen Wirtin des Gasthauses zum Heidemuseum. Er wurde deshalb 1923 vom Konsistorium der Evangelisch-lutherischen Landeskirche Hannovers wegen angeblicher Pflichtverletzung des Amtes enthoben. Bis heute ist nicht geklärt, ob an den Vorwürfen etwas Wahres ist. Vielmehr vermutet man, dass Landbesitzer und Bodenspekulanten gezielt Gerüchte streuen. Ihnen gefiel es nicht, dass das Gebiet unter Schutz gestellt werden sollte. Immerhin wurde der Pastor nach seinem Tod am 10. Juni 1927 so bestattet, wie er es sich gewünscht hatte: Sein Sohn verstreute seine Asche auf dem Wilseder Berg.

Kein Auto weit und breit, dafür umso mehr Raum zum Wandern

■ In die großen Kammern passen mehrere Ozeanriesen

■ Eine besondere Perspektive auf die Schleusen bietet sich vom Yachthafen

Mächtige Tore, riesige Kammern

6

An sommerlichen Tagen füllt sich der kleine Yachthafen bis auf den letzten Meter, Freizeitkapitäne nutzen ihn zur Übernachtung. Unmittelbar hinter ihren Booten schieben sich hohe Bordwände vorbei, mitunter im Minutentakt. Ozeanriesen verlassen die große Schleuse. Sie ist 330 Meter lang. Hier an der Elbmündung beginnt die Wasserstraße, die zwei Meere verbindet: Brunsbüttel markiert Kilometer 0 des Nord-Ostsee-Kanals, international als „Kiel Canal" bezeichnet. Etliche Containerschiffe und andere Giganten passieren ihn genauso wie die daneben winzig erscheinenden Sportboote, die hier nur bei Tageslicht fahren dürfen. Sie alle nutzen die meistbefahrene künstlich angelegte Seeschifffahrtstraße der Welt, folgen ihr für rund 98 Kilometer einmal quer durch Schleswig-Holstein bis in die Kieler Förde. Ein Schauspiel, das sich besonders schön an den jeweiligen Schleusen beobachten lässt, wenn sich ihre Tore öffnen, um Schwimmendes jeglicher Größe aufzunehmen. In Brunsbüttel geht es über Treppen und Wege mitten ins Schleusengelände mit Aussichtsplattformen.

Schleusenmuseum „Atrium"
Gustav-Meyer-Platz 2
25541 Brunsbüttel
Telefon: 04852 8850
www.brunsbuettel.de

Schautafeln erläutern die Geschichte des Wasserbauwerks und des Nord-Ostsee-Kanals. Alle, die schon immer mal Schleusenwärter spielen wollten, können es im zugehörigen Museum tun. An einem Modell lassen sich per Knopfdruck die Tore betätigen. Ausgestellt ist auch das Prunkgeschirr, mit dem Kaiser Wilhelm II. den Kanal 1895 einweihte. Er verfügte, dass alle NOK-Fähren kostenlos zu nutzen seien, weil der Kanal einige Ortschaften teilte. Daran hält man sich heute noch immer.

> **Hohe Bordwände schieben sich an den Sportbooten vorbei, die im Hafen an der großen Schleuse liegen.**

■ Die Ziegelei Ross mit Lorenbahn im frühen 20. Jahrhundert

■ Aus der Tongrube Ross bildete sich der große Rensinger See

Von Tonkuhlen zu den Fayencen

7

Der Wanderpfad entschwindet im dichten Grün, da und dort blinzelt der See hindurch, bis an den Rand stehen die Bäume. Einige neigen sich, tauchen mit ihren Kronen hinein. Wurzeltreppen führen über Uferböschungen hinab, zum Baden verlocken diese Plätze, auch wenn ein Schild warnt: große Tiefe, Hindernisse unter Wasser. Gebäudereste und alte Loren schlummern auf dem Grund des großen Rensinger Sees. Sie stammen aus Zeiten des Tonabbaus im 18. und 19. Jahrhundert. Dies war einmal eine Kuhle, die Material für die Kellinghusener Fayencen und einige Ziegeleien lieferte, genauso wie der benachbarte kleine Rensinger See und eine Grube am Geesthang im Stadtpark. Es sind Stationen auf einem Rundgang zu den Spuren einer 250 Jahre alten Keramik-Tradition. Nachweislich sechs Fayence-Manufakturen gab es hier zwischen 1764 und 1860, einige Kunsthandwerker sind auch heute am Werk. So gelangt man schließlich auch zu aktiven Keramik-Werkstätten und zum städtischen Museum Kellinghusen, wo einige Fayencen zu bewundern sind. Bei dieser Keramik ist der Scherben mit einer deckenden, zinnhaltigen Glasur überzogen. Es entstanden weißglänzende Gefäße und Figuren, die preiswerter waren als Porzellan. Im Museum gibt es den Flyer zur „Keramik-Route Kellinghusen". Sie geleitet auch durch das historische Ortszentrum mit der schmucken Bergstraße, die ungeahnt steil zur Feldsteinkirche St. Cyriacus (13. Jhdt.) hinaufführt. Beim jährlichen Töpfermarkt am zweiten Augustwochenende präsentieren Kunsthandwerker aus ganz Deutschland ihre Arbeiten.

Stadt Kellinghusen
Museum
Hauptstraße 18
25548 Kellinghusen
Tel.: 04822 376210
/-11
museum@buerger
haus-kellinghusen.de

In Kellinghusen sind Spuren der 250 Jahre alten Keramik-Tradition bei einem Rundgang zu entdecken.

■ Schmucke Traufen- und Giebelhäuser säumen den Hafen

■ Auch einiges über die Geschichte des Matjes ist zu erfahren

Polygonale Radialstadt mit Matjes-Kultur

Ob es am Namen liegt? Dieser Ort stimmt einen tatsächlich glücklich. Vielleicht ist es auch der Anblick der farbenfrohen Fassaden am Hafen, Traufen- und Giebelhäuser aus dem 17. und 18. Jahrhundert, dann wieder ist ein alter Salzspeicher zu entdecken oder der Wiebeke-Kruse Turm, den Christian IV. (1577–1648), König von Dänemark und Norwegen, für seine Mätresse errichtet haben soll. Sämtliche Gebäude sowie ein Stück des alten Festungsdeiches stehen unter Ensembleschutz, bilden ein in Norddeutschland wohl einmaliges Stadtdenkmal. Obendrein handelt es sich hier um die älteste polygonale Radialstadt im gesamten deutschen Sprachraum. Im Grundriss wurde der ursprüngliche Festungscharakter bewahrt, der Marktplatz mit dem gusseisernen Kandelaber (1869) im Mittelpunkt, davon ausgehend die zwölf Radialstraßen.

Tourist-Information Glückstadt
Große Nübelstraße 31
25348 Glückstadt
www.glueckstadt-tourismus.de

Noch mehr erfährt man dazu im Detlefsen-Museum im Brockdorff-Palais. Dies alles ahnen viele gar nicht, sondern kommen einfach nur, um in ein Fischbrötchen zu beißen. Glückstadt ist schließlich berühmt für seinen Matjes, der hier immer noch in Handarbeit hergestellt wird. Die Heringsloggerei hat hier bereits seit 1893 Tradition. Man feiert es jedes Jahr bei den Glückstädter Matjeswochen, eingeleitet von der traditionellen Matjesprobe: Am historischen Marktplatz wird ein Holzfass geöffnet und der erste Matjes der Saison zum Anbeißen hervorgeholt. Bei der anschließenden, viertägigen Veranstaltung gibt es eine Open-Ship-Meile, Livemusik, Flohmarkt und Kinderprogramm. Highlights sind die Hafenquerung und die Plattschaufel-Weltmeisterschaft.

> **Sämtliche Gebäude bilden ein in Norddeutschland wohl einmaliges Stadtdenkmal.**

■ Im ansonsten unscheinbaren Uetersen verbirgt sich ein prachtvolles Rosarium

■ Bei einem Spaziergang erfährt man auch manches über die Rosenzucht

Ballförmige Blütenschalen

9

Auch wenn die Königin der Blumen in etlichen Gärten vieler Ortschaften zu finden ist, wäre es unpassend, jede einfach so als Rosendorf oder -stadt zu bezeichnen. Dazu muss die duftende Schönheit schon ein „prägender Ortsbestandteil" sein und entsprechend gepflegt werden – zumindest, wenn man diesen Titel von der Gesellschaft Deutscher Rosenfreunde e.V. verliehen bekommen möchte, quasi von oberster Stelle. Und das haben bisher bundesweit nur wenige geschafft. Es gibt derzeit fünf Rosenstädte, vier Rosendörfer und, immerhin, sogar einen Rosenkreis (Neunkirchen). Eine der fünf Rosenstädte liegt nur rund 30 Kilometer vom Hamburger Stadtzentrum entfernt. Viele wissen gar nicht, dass es sich um eine handelt. Sie heißt Uetersen und trägt den Titel schon seit 1992. Wer zur Blütezeit kommt, versteht schnell, warum. Zum Rosarium am Mühlenteich gehört der größte Rosengarten Norddeutschlands. Auf einer Fläche von sieben Hektar Fläche gedeihen mehr als 900 verschiedene Rosensorten in zahlreichen Farben und Duftnuancen. Dazu gehören auch eigene Stadtrosen wie die „Uetersener Klosterrose", deren „ballförmige Blütenschalen an den bekannten Rambler Raubritter erinnern", erklärt man beim Rosarium. Experten nicken wissend, natürlich ist damit kein rabiater Rüstungsträger gemeint. Höhepunkt jeder Saison ist das Rosenfest Anfang Juli mit Sommerflohmarkt, verkaufsoffenem Rosensonntag und Flaniermeile. In der Stadt regiert selbstverständlich auch eine Rosenkönigin. Außerdem vergibt Uetersen jährlich die Rosennadel an eine verdiente Persönlichkeit.

Rosensaison
ist in Uetersen Mitte Juni bis Ende August
www.rosarium-uetersen.de
www.rosenfreunde.de

Im größten Rosengarten Norddeutschlands gedeihen mehr als 900 verschiedene Rosensorten.

Die andere Perspektive: Blick vom Anleger auf das Schulauer Fährhaus

Begrüßungskapitän Eckart Bolte hat jedes Schiff im Blick

Maritime Begrüßung in 150 Sprachen

10

An alles hatte man gedacht: Hans Albers sorgte für den musikalischen Rahmen, der Weltumsegler und Polarforscher Karl Kircheiß taufte den Mast mit einer Flasche Rum. Gastgeber und Gäste feierten eine einmalige maritime Einrichtung. Nur eins fehlte an diesem Tag, dem 11. Juni 1952. Es kam kein Schiff vorbei, was etwas unpassend ist bei einer Schiffsbegrüßungsanlage. Doch am nächsten Tag schallten die Worte erstmals aus den Lautsprechern: „Willkommen in Hamburg, wir freuen uns, Sie in unserem Hafen begrüßen zu können" – auf Japanisch. Es war die „Akagi Maru" mit Kapitän Kazuichi Murakami. Der war so begeistert von der Begrüßung, dass er nach dem Festmachen im Hamburger Hafen nach Wedel kam, um sich zu bedanken. Dort ist das Schulauer Fährhaus mit dem Willkomm-Höft seither eine Institution, inzwischen unter einem neuen Betreiber im neuen Glanz. Geblieben ist die traditionelle Zeremonie, mit der täglich rund 40 „salutfähige" Schiffe begrüßt oder verabschiedet werden, als solche gelten sie, wenn die Bruttoraumzahl über 1.000 liegt. Zu den Worten in der jeweiligen Landessprache wird die Hamburger Flagge gedippt, dies auch bei kleineren Schiffen, und das internationale Flaggensignal für „Gute Reise" flattert im Wind. Die Gäste des Ausflugslokals können es miterleben und erfahren zugleich über Lautsprecher, um welches Schiff es sich handelt. Diese Aufgaben übernimmt ein Begrüßungskapitän. Ihm helfen dabei rund 17.000 Karteikarten mit Schiffsdaten sowie Nationalhymnen und Begrüßungsworte in mehr als 150 Sprachen.

Willkomm-Höft/ Schulauer Fährhaus
Parnaßstraße 29
22880 Wedel
Tel: 04103 9200-0
(wachhabender Begrüßungskapitän: -15)
www.schulauerfaehrhaus.de

Mit der traditionellen Zeremonie werden täglich rund 40 salutfähige Schiffe begrüßt oder verabschiedet.

■ Sahne-Ausblick auf die Elbe: Im Beachclub „28 Grad" mit Strandbad

■ Das Theaterschiff „Batavia" liegt landeinwärts

Hafenstadt vor den Toren Hamburgs

11

Mal Abwechslung zum Hamburger Hafen bietet das maritime Treiben in Wedel – und dies nicht nur wegen der Schiffsbegrüßungsanlage. Wer alles liebt, was Bug und Heck hat, ist hier genau richtig. Vor allem für Segler und auch manche Motorbootfahrer ist die „Stadt mit frischem Wind", wie sie sich selbst stolz bezeichnet, wörtlich eine Anlaufstelle. Denn hier befindet sich auch der „Hamburger Yachthafen" mit mehr als 1.950 Liegeplätzen. Die sogenannten Schlengel, Schwimmstege zum Anlegen und Festmachen, bringen es auf eine Länge von 4,6 Kilometern. Ein ganz anderes Bild bietet sich im benachbarten Schulauer Hafen mit dem Willkomm Höft und Buden, aus denen es lecker nach Fisch duftet. Hier legt auch regelmäßig das Fahrgastschiff „Dat Ole Land II" ab, mit dem innerhalb von 25 Minuten Lühe am südlichen Elbufer erreicht ist. Von dort geht es ins Alte Land mit seinen berühmten Obstplantagen (siehe Nr. 3).

Wer alles liebt, was Bug und Heck hat, ist in Wedel genau richtig.

Hinter Bäumen zwischen den beiden Wedeler Häfen verbirgt sich ein schöner Badestrand mit Beachclub, und wer landeinwärts spaziert, findet das Theaterschiff „Batavia", ein ehemaliges Flusskanonenboot, dessen Maschinenraum zur Bühne wurde. Seither liegt es, von Koppeln umgeben, im Bachbett der Wedeler Au. Weitere Wege entführen in die grüne Marschenlandschaft, zwischen Elbe und Hetlinger Binnenelbe auch zur Carl-Zeiss-Vogelstation. Festen Boden hat man in der Wedeler Altstadt unter den Füßen, wo sich das Ernst-Barlach-Museum sowie das Reepschlägerhaus mit Kulturveranstaltungen (siehe Nr. 60) lohnen.

Wedel Marketing e.V.
Rathausplatz 3–5
22880 Wedel
Tel.: 04103 707707
www.wedel.de

Theaterschiff Batavia
www.batavia-wedel.de

Beach-Club „28 Grad"
Strandbad Wedel
www.28grad.net

■ Vom „Bulln", dem Schiffsanleger, hat man einen schönen Blick

■ Im Geflecht der Gassen versteckt sich der Treppenkrämer mit Café

Ein Viertel, zum Verlaufen schön

12

Blankenese gehört offiziell zu Hamburg, die Einheimischen aber sehen das anders. Zum Einkaufen geht man hier „mal ins Dorf", weit weg ist die Hansestadt mit Hafen und Michel. Schließlich blickt man auf eine eigene Seefahrertradition zurück, von der das schönste Panorama weit und breit geblieben ist: das einst von Kapitänen und Fischern bewohnte „Treppenviertel", ein mit hellen Häuschen bedeckter Elbhang. Besonders ist auch ein Spaziergang durch die steilen Gässchen, die etliche Stufen und Treppen in allen Richtungen verbinden, vorbei an liebevoll dekorierten Fassaden und mediterran anmutenden Gärten. Da macht es auch nichts, sich zu verlaufen, zu spannend ist, was einen wohl hinter der nächsten Ecke erwartet. Es könnte zum Beispiel auch der „Treppenkrämer" mit seinem winzigen Café sein oder, fast ganz oben, der Kaffeegarten Schuldt mit herrlicher Weitsicht über die Elbe. Am höchsten Punkt thront das Fünf-Sterne-Hotel Süllberg samt Zwei-Sterne-Restaurant, weiteren feinen Lokalen und Biergarten. Unten am Wasser verführt Blankenese mit einem der schönsten Elbstrände Hamburgs, allenfalls getoppt vom darauffolgenden Falckensteiner Ufer. Noch ungewiss ist, wie es mit dem Fischerhausmuseum weitergehen wird, wo vieles über die Tradition dieses Elbvororts zu erfahren war. Es war bis Frühjahr 2017 im Dreehus an der Elbterrasse untergebracht, einem der ältesten Häuser des Viertels, das sanierungsbedürftig ist. Ein Mäzen erklärte sich bereit, eine Million Euro zu investieren. Etwa zwei Jahre sollen die Arbeiten dauern.

www.treppenkraemer.de
www.kaffeegarten-schuldt.de
www.blankenese.de
Süllberg: www.karlheinzhauser.de

Besonders ist ein Spaziergang durch die steilen Gässchen, die etliche Stufen und Treppen in allen Richtungen verbinden.

■ Zum Baumschulland gehört auch ein wohl einmaliges Museum

■ Die Ausstellung ist liebevoll und facettenreich gestaltet

Ganz viele Wurzeln schlagende Schüler

13

Ausflugsziele wie die Lüneburger Heide kennt jeder in Hamburg. Welch pflanzlicher Reichtum hingegen im Kreis Pinneberg zu finden ist, bleibt selbst vielen verborgen, die nebenan im Westen der Hansestadt leben. Man entdeckt ihn zum Beispiel an der Landstraße aus Richtung Wedel kommend. In einem Ausmaß, das Wäldern gleicht, reihen sich dort Bäume unterschiedlichster Arten. Mit rund 300 Baumschulen auf einer Fläche von circa 3.500 Hektar ist hier eines der weltweit größten Baumschulgebiete zu finden. Bereits vor mehr als 250 Jahren begann seine Geschichte. Wer nun glaubt, dies sei nur für Brancheninsider oder Aboristiker spannend, irrt sich. Seit Heiner Baumgarten als Verantwortlicher der „internationalen gartenschau hamburg" (igs) im Jahr 2013 diese Kulturlandschaft als „Pinneberger Baumschulland" bekannter machte, sprießen in der touristisch eher kargen Gegend ganz neue Triebe. Ein Förderverein organisiert Wandertouren zu besonderen Plätzen, zu denen auch Rosengärten, barocke Alleen und das Arboretum Ellerhoop-Thiensen zählen. Vor allem kann Pinneberg das bundesweit einzige Baumschulmuseum vorweisen. Hier erfährt man unter anderem, was „Baumschulbarone" und „Pflanzenjäger" sind. Gezeigt werden auch historische Geräte wie Schäl-Pflug oder Igelwalze. Die regelmäßig um Sonderschauen bereicherte Ausstellung wird von Ehrenamtlichen gestaltet, die in musealer Hinsicht das beweisen, was man beim Gärtnern einen „grünen Daumen" nennt: Sie gedeiht prächtig und ist auch wunderschön anzusehen.

Deutsches Baumschulmuseum
Halstenbeker Straße 29
25421 Pinneberg
www.baumschulmuseum.de
Förderverein:
www.pinneberger-baumschulland.de

> **In der touristisch eher kargen Gegend sprießen nun ganz neue Triebe.**

■ Im idyllischen Museumsdorf kann man einfach mal durchatmen

■ Auch Ferkel und andere Tiere machen das Museum lebendig

Zeitreise im Walddorf

Am nordöstlichen Rand Hamburgs steht dort, wo das Kreischen der bremsenden S-Bahn verstummt, ein breites Tor zu bestimmten Zeiten offen. Wer hindurchgeht, findet sich in einer Dorfidylle wieder, die anders ist als das heutige Dörfliche ringsherum. Eine Bullerbü-Insel aus sieben Bauernhäusern und uralten Bäumen, Gärten und Steinmäuerchen, mit Brunnen, Krämerladen, Backhaus und Durchfahrtsscheune. Hühner picken auf den Wegen, edle Kaltblutpferde werden über den Hof geführt von Menschen, die aus einer vergessenen Zeit zu stammen scheinen. Tafeln an den Häusern verraten: Es sind Wohn- und Wirtschaftsgebäude aus dem 17. bis 19. Jahrhundert. Drei davon stehen noch an ihrem Originalplatz, andere wurden aus der Umgebung umgesetzt. So entstand ein Dorf, wie es seinerzeit typisch für das stormarnische Geestland war, mitsamt Haus- und Arbeitsgeräten und Tieren. Auch der Gemüsegarten wurde nach dem überlieferten Vorbild angelegt. An Gewerketagen führen Ehrenamtliche alte Handwerkstechniken vor. Das Museumsdorf ist im Stadtteil Volksdorf zu finden, und der wiederum gehört zu den Walddörfern. Diese bildeten im 14. bis 16. Jahrhunderts eine eigene Landherrenschaft innerhalb des hamburgischen Landgebietes und wurden von zu „Waldherren" ernannten Senatoren verwaltet. Sie zählten also schon damals zum Stadtgebiet, obwohl sie außerhalb der Stadtmauer lagen. Die Dörfer befanden sich in einer teils heute noch waldreichen Gegend, während die benachbarten Rühmerdörfer auf Rodungsflächen entstanden.

Museumsdorf Volksdorf
Im Alten Dorfe 46–48
22359 Hamburg
040 6039098
www.museumsdorf-volksdorf.de

> Edle Kaltblutpferde werden über den Hof geführt von Menschen, die aus einer vergessenen Zeit zu stammen scheinen.

- Märchenhaftes und Informationen rund um den Wolf bietet der Wildpark

- Besucher können die Tiere in aller Ruhe beobachten

Isegrim und Latschenkiefer

15

Am 20. Mai 2017 sah ein Spaziergänger an einem Waldrand bei Linau im Kreis Herzogtum Lauenburg ein ungewöhnliches Tier. Es war ungefähr so groß wie ein Schäferhund und verfolgte zwei Rehe. Der Mann beobachtete und fotografierte es. Zwei Tage später stand fest: Dies war der 35. freilaufende Wolf, der in Schleswig-Holstein nachgewiesen werden konnte. Im Wolfsinformationszentrum hatte man ihn anhand der Informationen identifizieren können. Die Einrichtung gehört zum Wildpark Eekholt. Hier können Besucher auf einer „Wolfsmeile" viel über Meister Isegrim erfahren und auch bei Wolfsfütterungen dabei sein. Aus der Wolfshütte, einem Ausstellungsgebäude, gewähren Panoramascheiben einen direkten Blick in das Wolfsgehege. Um die Kommunikation der Tiere besser zu verstehen, kann jeder mit einem Smilomaten die Ausdruckskraft seiner eigenen Mimik und Gestik ermitteln oder sich dem Thema beim Wolfsmemory spielerisch nähern. Außerdem wird am Wolfsgehege über den Herdenschutz und das aktuelle Wolfsmanagement informiert, teils auch im originalgetreuen Nachbau eines historischen Schäferwagens. Ein winterliches Highlight sind seit mehr als 20 Jahren die „Eekholter Wolfsnächte". Außerdem sind in dem Wildpark noch rund 100 weitere heimische Tierarten zu erleben. Auch der Flora sollte man Aufmerksamkeit schenken. Eine Latschenkiefer erkennt man hier nicht nur am Blattwerk, vielmehr markieren ausgediente Sandalen einen der Bäume. Auch Seltsames verbirgt sich also in diesem besonderen Teil des Segeberger Forstes.

Wildpark Eekholt
Stellbrooker Weg
24598 Heidmühlen
Tel: 04327 99230
www.wildpark-eekholt.de
www.wolfsbetreuer.de

Am Smilomaten kann jeder die Ausdruckskraft seiner eigenen Mimik und Gestik ermitteln.

- Von der Quelle bis in die Innenstadt können Wanderer dem Weg folgen

- An der Alsterquelle in Henstedt-Ulzburg

Der See, der ein Fluss ist

16

Hamburg hat außer der Elbe auch noch einen schönen Binnensee mitten in der Stadt – das glauben zumindest viele. In Wirklichkeit aber ist auch die Alster ein Fluss und vereint sich mit der Elbe. Sie entspringt in Henstedt-Ulzburg im Kreis Segeberg. Unweit davon beginnt der Alsterwanderweg, dem man per pedes oder Pedale bis zum Jungfernstieg folgen kann. Der erste Teil dieser Route ist besonders reizvoll. Es geht am Wasserlauf entlang, der sich durch ein eiszeitlich geprägtes Flusstal windet. Dazu fährt man am besten mit der U1 bis zur Endstation Ohlstedt und gelangt nach etwa einem Kilometer in westlicher Richtung ins Naturschutzgebiet Rodenbeker Quellental. Der Wanderweg ist dort über die Straße Haselknick zu erreichen. Er geleitet durch die Stadtteile Poppenbüttel, Wellingsbüttel (mit dem Alstertal-Museum) und Fuhlsbüttel und scheint teils fernab der Zivilisation zu verlaufen. Es geht durch stille Biotope mit Erlenbruchwäldern, schließlich auch vorbei an parkähnlichen Grundstücken. Bald gleicht der Fluss einem Kanal, es grüßen ehemalige Schleusenanlagen. So kommt man nach Ohlsdorf, wo sich ein Schlenker über den eindrucksvollen Friedhof lohnt. Er darf auf einigen Wegen auch mit dem Fahrrad durchquert werden. Durch die Stadtteile Alsterdorf, Eppendorf und Winterhude schlängelt sich der Weg dann bis an das nördliche Ende der Außenalster. Von dort geht es am Ufer entlang zur Binnenalster, mitten ins Herz der Hansestadt. Wer die Strecke andersherum fährt, kann am Ende im Rasthaus zum Haselknick einkehren und mit der U-Bahn zurückfahren.

www.hamburger-wanderverein.de
www.alsterverein.de
www.haselknick.de

> Der Alsterwanderweg gehört übrigens zum Norddeutschen Jakobsweg.

■ Einmalig ist die Kulisse vor dem Kalkberg

■ Im Inneren des Berges verbirgt sich eine zu besichtigende Höhle

Indianer, Cowboys und Brillenblattnasen

Erwähnt man irgendwo in der Republik den Namen Bad Segeberg, kommt es meist wie aus der Pistole geschossen: Ah, Karl May! Die Stadt wurde zum Synonym für ein Freilichttheater, viele wissen hingegen nicht, dass sie in Schleswig-Holstein liegt. Die berühmten Festspiele haben sie verwandelt seit der Premiere im Jahr 1952. Fast jeder, der dort lebt, so heißt es, ist von dem Bad-Segeberg-Virus befallen, viele haben schon an den Festspielen mitgewirkt. Zahlreich rollen während der Karl-May-Sommer die „Touristenkutschen" zum Kalkbergstadion, das als eines der schönsten Freilichttheater in Europa gilt. Zur authentischen Kulisse tragen die hochaufragenden, hellen Felsen im Hintergrund bei. Sie bestehen nicht, wie der Name vermuten lässt, aus Kalkstein, sondern nahe der Oberfläche aus Gips und im Kern aus Anhydrit. Schon mehr als acht Millionen Besucher kamen, um die Abenteuer von Winnetou und Old Shatterhand zu erleben, der Rekord lag bei 320.000 pro Spielzeit. Vorher oder anschließend darf sich jeder einmal wie ein Cowboy oder Indianer fühlen, dazu lädt das zugehörige Indian Village ein, eine Westernstadt wie im 19. Jahrhundert. Im „Nebraska-Haus" informiert eine Ausstellung mit Original-Exponaten über die Geschichte der Indianer Nordamerikas. Den Kalkberg sollte man sich auch einmal näher ansehen. Es verbergen sich dort eine zu besichtigende Höhle und das Noctarium, eine zum Noctalis gehörende Erlebnisausstellung. Hier begegnen Besucher echten Brillenblattnasen – so heißt diese Fledermausart – und einer handzahmen Indischen Riesenflughündin.

Karl-May-Festspiele
Karl-May-Platz
23795 Bad Segeberg
www.karl-may-spiele.de

Noctalis (Fledermaus-Zentrum GmbH)
Oberbergstraße 27
23795 Bad Segeberg
Tel: 04551 8082-0
www.noctalis.de

Tourist-Info Bad Segeberg
Tel: 04551 9649-0

> Zahlreich rollen während der Karl-May-Sommer die Touristenkutschen zum Kalkbergstadion.

■ Die Wucht des Holstentores zeigt sich aus der Nähe besonders deutlich

■ Das Hansemuseum entführt in die Geschichte des Kaufmannsbundes

Eine informative Hanseschwester

18

Das Kennzeichen HH ist so selbstverständlich, dass man glatt die historische Bedeutung des ersten Buchstabens vergessen könnte. Besonders schön informiert HL über den Kaufmannsbund, eine kleine Schwester, die doch ganz groß ist: Die Hansestadt Lübeck galt seinerzeit als bedeutendster Handelsplatz im ganzen Ostseeraum. Nur eine Dreiviertelstunde benötigt man mit der Bahn ab Hamburg, um sie zu besuchen. Dort lohnt sich im Wahrzeichen Holstentor die Ausstellung „Die Macht des Handels". Ein Spaziergang entlang der Trave führt obendrein zum 2015 neu eröffneten Europäischen Hansemuseum beim mittelalterlichen Burgtor. Seine multimediale Ausstellung vereint sich mit einer archäologischen Ausgrabungsstätte und dem ehemaligen Burgkloster. Szenen aus Lübeck und anderen europäischen Kontoren sind originalgetreu nachgestellt. Unverwechselbar ist die Skyline der Hansestadt, bekannt auch durch Marmeladengläser. Die sieben Spitzen gehören zum Lübecker Dom sowie zu den Kirchen St. Marien, St. Petri, St. Jakobi und St. Aegidien. Ein Ensemble, mit dem die komplette Lübecker Altstadt zum Weltkulturerbe der UNESCO ernannt wurde. Sie liegt auf einer Insel, die sich herrlich mit dem Kanu umrunden lässt. Lübeck ist außerdem: Thomas Mann, Günther Grass, Marzipan und feinste Badekultur. Der zugehörige Stadtteil Travemünde ist das zweitälteste deutsche Ostseeheilbad. Es wurde 1802 offiziell eröffnet, nur wenige Jahre nach Heiligendamm (1793). Adlige und Kaufleute plantschten hier in Badekostümen, wie sie heute im Seebadmuseum ausgestellt sind.

www.luebeck.de
www.museum-holstentor.de
www.hansemuseum.eu

Unter dem Europäischen Hansemuseum befindet sich eine archäologische Ausgrabungsstätte.

■ Die Timmendorfer Seebrücke hat nun ein asiatisches Ende

■ Ganz anders gibt sich das benachbarte Niendorf mit seinem Fischerhafen

Schickes bei Hamburgs Badewanne

19

Hier versammeln sich Großstädter, die bei Sommerhitze so schnell wie möglich ans Meer wollten oder ein Cabrio fahren. Zwar liegen auch andere Badeorte in der Nähe, manche landschaftlich schöner als dieser Strandstreifen mit Hotelklotz, nur so wie dieser ist nun mal keiner. Das „Café Wichtig" hat inzwischen einen Ableger im benachbarten Scharbeutz, doch nur das Timmendorfer Original hieß früher „Engels Eck" und hatte Gäste wie Franz Beckenbauer, die Klitschko-Brüder, Roberto Blanco oder Otto Waalkes. Eine große Boulevardzeitung hatte das ehrwürdige Kaffeehaus kurzerhand umgetauft, was die Betreiber so gut fanden, dass sie es auch offiziell taten. Seit 2015 hat Timmendorf außerdem das schicke „Wolkenlos" am Kopfende der Seeschlösschenbrücke, gestylt als Teehaus mit Pagodendach. Es gab deshalb ein Bürgerbegehren: Mäzen Jürgen Hunke ist Asien-Fan. Einige Timmendorfer wiederum wollten „nix Asiatisches auf der Brücke". Für alle, die lieber auf ein Autodach verzichten, ist das Wochenende vor der IAA alljährlich ein Grund, herzukommen. Bei der „Traum-Automeile" werden noble Karossen präsentiert. Im Sommer sponsert ein Champagner-Hersteller die „Lukullische Meile" auf der Kurpromenade. In Timmendorf kann man aber auch ganz normale Dinge tun, etwa einen Strandkorb mieten oder das Aquarium „Sealife" besuchen. Wer alldem nicht so viel abgewinnen kann, spaziert am besten am Wasser entlang drei Kilometer Richtung Osten. Dort bietet der Ortsteil Niendorf mit seinem schmucken Fischerhafen ein Kontrastprogramm.

www.cafewichtig.de
www.wolkenlos-timmendorf.de
www.timmendorfer-strand.de

> Das „Café Wichtig" hat einen Ableger in Scharbeutz, doch nur das Timmendorfer Original hieß früher „Engels Eck".

■ Das Denkmal „Hirschgruppe" erinnert an das Wirken des Reichskanzlers

Dem
Fürsten von Bismarck
das
dankbare Anhalt
1. April 1895.

Bei den von Bismarcks durch das Grüne

20

Wälder dominieren im Hamburger Umland eher weniger. Umso schöner ist es, dass nahe der Stadtgrenze die größte Baumansammlung Schleswig-Holsteins, fast 70 Quadratkilometer sind es, zum Wandern verlockt. Obendrein lassen sich dabei historische Gedächtnislücken auffüllen. Otto von Bismarck, der erste deutsche Reichskanzler, lebte von 1871 bis 1898 in Friedrichsruh im Sachsenwald, den er von Kaiser Wilhelm I. geschenkt bekommen hatte. Daran erinnern dort eine Bismarck-Säule und der 27 Meter hohe Bismarckturm im nahen Aumühle. Anhaltische Städte widmeten dem Reichsgründer zu dessen 80. Geburtstag das Denkmal „Hirschgruppe". Es steht nahe dem Mausoleum, in dem Bismarck neben seiner Frau Johanna bestattet wurde. Dieses ist zu besichtigen, eine Karte kann man gleich um die Ecke im Bismarck-Museum kaufen. Dort lohnt sich die Ausstellung mit dem Arbeitszimmer Bismarcks, etlichen Gemälden, Fotografien und anderen „Zeitzeugen". Zur Sammlung des Museums gehören auch das Original der „Kaiserproklamation von Versailles 1871", Briefe, Handschriften, Dokumente, Ehrenbürgerbriefe der Städte, Kassetten und Schatullen, wertvolle Porzellane und Geschenke aus aller Welt. Die Fürstenfamilie pflegt und bewahrt den Sachsenwald noch immer. Gregor Graf von Bismarck, ein Ururenkel von Otto, heißt alle Besucher auf der zugehörigen Homepage herzlich willkommen. Er stellt dort das Naherholungsgebiet mit seinen Ausflugszielen vor. Dazu zählen auch der Schmetterlingsgarten und die Museumseisenbahn im Lokschuppen (siehe Nr. 72).

www.sachsenwald.de
www.bismarck-stiftung.de

Die Fürstenfamilie pflegt den Sachsenwald noch immer und heißt Besucher herzlich willkommen.

Der Eulenspiegel-Brunnen ziert den historischen Marktplatz in Mölln

Verrenkung vor Backsteingotik

21

Fußspitzen und Daumen der Bronzefigur sind schon ganz blankgerieben. Es soll Glück bringen, sie gleichzeitig zu berühren. Lebte die Person noch, die hier quasi Modell gestanden hat, so könnte sie sich auch mit diesem Versprechen einen Scherz erlaubt haben und kichernd hinter einer Häuserecke stehen, während Stadtbesucher sich verrenken. Aber Till Eulenspiegel, so es ihn wirklich gab, ist schon 1350 in Mölln gestorben. In der Stadt ist er noch immer allgegenwärtig: als Figur auf dem Marktbrunnen, Souvenir in allen Varianten, bei Stadtführungen und ganz besonders bei den Eulenspiegel-Festspielen, die alle drei Jahre stattfinden, unter anderem 2018. Gegenüber dem Brunnen ist die Geschichte des berühmten Schalks in einem Museum nachzuerleben. Die Dauerausstellung zeigt die literarische Entwicklung Till Eulenspiegels. Außerdem hat Mölln auch ganz im Ernst einiges zu bieten mit seinem historischen Marktplatz samt Schandpfahl (Pranger), hübschem Fachwerk und dem 1373 errichteten Rathaus, einem Vorzeigebau der Backsteingotik. Im Inneren ist die stadtgeschichtliche Sammlung des Möllner Museums zu finden. Nebenan erhebt sich die romanische St. Nicolai-Kirche (13. Jhdt.). Hier versteckt sich wieder Till, in einer Mauernische des Turmes: Der historische Bildstein stammt aus dem Jahr 1544. Rund um Mölln verführt der Naturpark Lauenburgische Seen zu Ausflügen. Übrigens, am Brunnen sollte man es ruhig einmal versuchen mit der Berührung. Es heißt, schon so manche konnten sich Luxusyachten kaufen oder Prinzessinnen heiraten, nachdem sie es taten.

www.moellner-museum.de
www.moelln-tourismus.de

Außer Till Eulenspiegel hat Mölln auch ganz im Ernst einiges zu bieten.

■ Der Domsee in Ratzeburg bietet Sicht auf den Sakralbau

■ Ganz anders die Eindrücke im mecklenburgischen Teil des Schaalsees

Wiedervereinigte Seenlandschaften

22

Als noch nicht zusammengewachsen war, was zusammengehört, gediehen dort, wo Grenzgänger um ihr Leben fürchten mussten, nahezu ungestört Pflanzenwelten. Seltene Tiere zogen ein. So geschah es auch auf 780 Quadratkilometern östlich von Mölln und Ratzeburg an der innerdeutschen Linie. Wo eiszeitliche Gletscher viele Hügel formten, wiedervereinigten sich ab 1989 die Landschaften: Der Naturpark Lauenburgische Seen in Schleswig-Holstein erstreckt sich bis zum mecklenburgischen UNESCO-Biosphärenreservat Schaalsee. Zusammen bilden sie ein großes Schutzgebiet mit ausgedehnten Wäldern, Feuchtgebieten und mehr als 40 Seen. Wo sie geteilt waren, erinnert ein großes Schild an die ehemalige Trennungslinie. Ein wenig anders sind die Eindrücke auf beiden Seiten schon: Während im Westen größere Bäder dominieren oder private Grundstücke Seebereiche abriegeln, verstecken sich im Osten auch unbekanntere Badestellen. Die beiden größten Gewässer sind der Schaalsee (23,5 km²) und der Ratzeburger See (14,3 km²). Sie sind durch den bei Salem beginnenden Schaalsee-Kanal verbunden. Besonders schön lässt sich die Region bei Radtouren oder Wanderungen erkunden. Rund 20 markierte Routen gibt es. Sie führen durch Felder und Alleen an Seeufer, durch Wälder und Moore, entlang von Flossen und Kanälen oder über steile Moränenrücken. Mehr erfährt man im Naturparkzentrum Uhlenkolk samt Wildpark, in dem mehr als 20 Tierarten leben und Aquarien mit Fischen der Lauenburgischen Seen.

www.naturpark-lauenburgische-seen.de
www.schaalsee.de

Wo früher die DDR-Grenze trennte, wuchsen ein Naturpark und ein UNESCO-Biosphärenreservat zusammen.

■ Der Elbe-Radweg ist meist gut ausgeschildert

■ Tangermünde ist nach rund 200 Kilometern ab Hamburg erreicht

Richtung Elbmündung oder Labe-Quelle | 23

Der beliebteste Fernradwanderweg Deutschlands führt mitten durch die Hansestadt, und doch kennen ihn selbst viele Hamburger allenfalls im Nahbereich. So manche übersehen, wie grandios und schön zu fahren bereits die Kilometer vor dem Hafen sind, von Rothenburgsort aus mitten durch das imposante Stahlgeflecht der Elbbrücken hindurch. Auch der folgende Abschnitt bis Wedel liefert ein Feuerwerk der Eindrücke, mit der Elbe fast immer direkt an der Seite. Allerdings teilt man ihn sich auch mit etlichen anderen Radfahrern und Spaziergängern. Also ist es eine gute Idee, dem meist beschildertem Radweg einmal noch weiter stadtauswärts zu folgen, vielleicht sogar für Hunderte von Kilometern, und auch mal per Fähre die Seite zu wechseln. Wahlweise geht es am südlichen oder nördlichen Flussufer in Richtung Nordsee bis Cuxhaven oder Brunsbüttel, auf Deichen durch das Alte Land oder die Elbmarschen. Oder ins Landesinnere durch das UNESCO-Biosphärenreservat Flusslandschaft Elbe mit Bibern, Binnendünen und idyllischen Auen. Vorbei an schmuckem Fachwerk, Storchendörfern und anderen sehenswerten Orten, durch Städte wie Magdeburg, Lutherstadt Wittenberg, Meißen und Dresden. Durch weitere besondere Landschaften wie die Sächsische Weinstraße und das Elbsandsteingebirge mit seinen bizarren Formationen, bis schließlich die Landesgrenze zu Tschechien erreicht ist. Und wer mag, fährt noch weiter bis nach Prag oder fast ganz hinauf bis zur Elbquelle im Riesengebirge, wo die „Labe" als noch unscheinbarer Bach aus den Felsen sprudelt.

www.elberadweg.de
www.flusslandschaft-elbe.de

So manche übersehen, wie grandios und schön zu fahren bereits die Kilometer vor dem Hamburger Hafen sind.

Schon das „Tor" zu Wilhelmsburg ist ein Erlebnis: der alte Elbtunnel

Europas größte Flussinsel

24

Ist der Argentinienknoten ein seemännischer Versuch, den Palstek neu zu erfinden? Für eine Antwort auf diese Frage begibt man sich an den St.-Pauli-Landungsbrücken in einen kühlen Schlund, der einen nach 426,5 Metern in der Prärie der Kräne und Container wieder ausspuckt. Ganz anders als am nördlichen Hafenufer sieht es auf der südlichen Seite des Alten Elbtunnels aus, ein Bereich der noch urbanen Wildnis, die nun touristisch erschlossen wird. Den Tunnel können Fußgänger und Radfahrer rund um die Uhr passieren. Am südlichen Elbufer herauskommend, hält man sich geradeaus, fährt bald links über eine Brücke, wieder rechts und – siehe da, der Argentinienknoten. Soviel sei verraten, mit Bootsleinen hat er allenfalls indirekt etwas zu tun. Eine große Tafel der Hamburg Port Authority (HPA) erläutert Hintergründe. Es ist eine Station der Hafenerlebnisroute, die einmal über Europas größte Flussinsel führt, vorbei an Aussichtspunkten, Wasserbauwerken und anderen Sehenswürdigkeiten. Dazu gehören auch das Hafenmuseum, das Auswanderermuseum BallinStadt und das Museum Elbinsel Wilhelmsburg. Fast könnte man vergessen, dass dies ein zentrales Stück Hamburg ist, der flächenmäßig größte Stadtteil sogar. Anders und weit weg fühlt es sich an, das sich verwandelnde Viertel mit Kunst- und Kulturprojekten, bunten Kneipen, einer auflebenden Szene und jährlichen Events bei denen die ganze Insel zum Festival wird: Noch ein Geheimtipp ist „48 Stunden Wilhelmsburg" mit Musikern von der Elbinsel, während das MS Dockville Festival schon viel bekannter ist.

www.hafenmuseum-hamburg.de
www.ballinstadt.de
www.museum-wilhelmsburg.de
www.musikvondenelbinseln.de
www.msdockville.de

Wer die Prärie der Kräne und Container durchquert hat, steht plötzlich in einem verwandelten Szenestadtteil.

■ Geheimtipp für Sonnenanbeter: Der Wasserpark Dove-Elbe

■ Besonders schön sind die Perspektiven vom Boot aus

Wo die Elbe ‚dove' und ‚gose' wurde

25

Immer schmaler werdend, schlängelt sich der Fluss durch Wiesen und Felder. Man erahnt Kröten und Molche im Ufersaum. Es grüßen Pferde und Kühe, etliche Vögel, Vierländer Bauernhäuser und eine Windmühle, kunterbunte Hausboote. Mit dem Boot dem Lauf der Dove-Elbe zu folgen, ist wie ein Kurzurlaub fernab der Stadt. Der 18 Kilometer lange Nebenarm wurde im Mittelalter durch Deiche von der Norderelbe getrennt, so wurde er zum „tauben" (niederdeutsch: „doven") Gewässer. Die Bauern der Vier- und Marschlande nutzten den 18 Kilometer langen Fluss, um ihr Gemüse zu den Hamburger Märkten zu bringen. Heute können ihm Kanus und in behutsamem Tempo auch Motorboote folgen. Dann, am Neuengammer Durchstich, dürfen nur Paddler außerhalb der Vogelbrutzeit noch weiter. Der schmale Kanal führt in die Gose-Elbe, einen weiteren Altarm, dessen Name so viel wie „trocken, flach" bedeutet. Noch idyllischer wird es hier, zwischen Seerosen, Schilfgürteln und Blattwerk. In der anderen Richtung geht es durch die Reitschleuse in die Dove-Elbe. Sie verbreitert sich hier zu seenartigen Buchten, im Sommer ein hanseatisches Saint Tropez: Yachten ankern, Bikini-Miezen aalen sich auf Bugs. Hier befinden sich auch der Wasserpark Dove-Elbe mit Stegen für Sonnenanbeter und die Regatta-Strecke Hamburg-Allermöhe. Durch die nahe Tatenberger Schleuse gelangen Motorboote mitten ins Hamburger Hafengebiet. Der Eichbaumsee beim Wasserpark eignet sich derzeit nicht zum Baden, dafür aber der See hinterm Horn sechs Kilometer weiter östlich.

Wasserpark Dove-Elbe
Bootsverleih
Allermöher Deich 36
www.bootszentrum-hamburg.de
www.paddel-meier.de

Der Tatenberger See wird im Sommer zum hanseatischen Saint Tropez.

- Am Radweg erkennt man noch, wo die Gleise aufeinandertrafen

- Dieses Kunstwerk an der Strecke erinnert an die Zeiten der Bahn

Pedaltritte auf vergangenen Bahnspuren

26

In „Hamburgs Gemüsegarten" (siehe Nr. 3) wächst nicht nur jede Menge. Er ist auch ein Radlerparadies. Ein Teil des Elbe-Radwegs und andere schöne Strecken führen durch die fruchtbaren Vier- und Marschlande, jene 800 Jahre alte Kulturlandschaft im Bezirk Bergedorf. Eine ganz besondere folgt dem Verlauf alter Bahnlinien. Diese waren für den Personen- und Gütertransport zu den Hamburger Märkten bedeutsam. Die Vierländer Bahn fuhr über 12,4 Kilometer von Bergedorf-Süd bis Zollenspieker. Die Hamburger Marschbahn verband auf 33,7 Kilometern die Ortschaften Billbrook und Geesthacht. Wo sich früher Gleise befanden, sind gut befahrbare Wege entstanden. Auf den Spuren der Vierländer Bahn geht es von der Elbe, Höhe Zollenspieker Fährhaus, bis zum Curslacker Deich an der Dove-Elbe. Dort befindet sich noch die ehemalige Bahnhofsstation Pollhof, in das Gebäude ist eine Gaststätte mit Hotel und Biergarten eingezogen. Diese Süd-Nord-Achse kreuzt bei Teufelsort die West-Ost-Achse der ehemaligen Marschenbahn. Auf dem Damm können Radler von der Schleuse Tatenberg bis Altengamme fahren. Auch hier sind ehemalige Bahnhofsgebäude zu entdecken, in Fünfhausen lädt ein weiteres ein, mit Terrassenblick über den Sandbrack-See. Die Vierländer Bahn fuhr ab 1912, die Marschenbahn ab 1921. Der Betrieb der Bahnen wurde in den 1950er Jahren eingestellt. Ein Teil ihrer Geschichte ist düster. Ab 1942 wurden über einen Abzweig „unauffällig" Häftlinge ins KZ Neuengamme transportiert. Die Gedenkstätte liegt nahe der Radstrecke.

www.bergedorf.de
www.curslacker-bahnhof.de
www.bahnhofsgaststätte-fünfhausen.de

> Wo sich früher Gleise befanden, sind herrlich befahrbare Wege entstanden. In Bahnhöfe zogen Ausflugslokale ein.

■ Das stillgelegte Kernkraftweg findet sich am Platz der Dynamitfabrik

■ Der Name des Platzes verdeutlicht die Geschichte

Explosives am Elbhang

27

Das Vorhaben barg so seine Risiken. Schließlich war schon das Laboratorium in Stockholm in die Luft geflogen, wobei sein Bruder Emil und vier weitere Arbeiter ums Leben gekommen waren. Also musste ein geeigneter Platz her. Alfred Nobel fand ihn bei Geesthacht: Das Gelände hieß „Der Krümmel", war hügelig und kaum besiedelt. Der schwedische Chemiker kaufte rund 42 Hektar, es war am 10. Oktober 1865, und ließ dort eine Sprengstofffabrik bauen. Die Produktion von Nitroglyzerin konnte starten. Bereits nach einem Monat knallte es, der Sprengstoff hatte sich selbst entzündet und einen Teil der Anlagen zerstört. Nobel experimentierte unterdessen weiter mit dem hochempfindlichen Stoff, sicherheitshalber auf einem Kahn in der Elbe. Mit der Mischung aus Nitroglyzerin, Kieselgur und Natriumcarbonat klappte es schließlich – das Dynamit war erfunden und wurde ab 1867 in Krümmel hergestellt. Bis 1945 war die Fabrik in Betrieb. Zusammen mit der Pulverfabrik Düneberg machte sie die Region zur Pulverkammer Deutschlands. Heute verbinden viele den Ortsnamen mit dem 2011 stillgelegten Kernkraftwerk Krümmel. Welch ein Zufall, auch dort hätte es knallen können. Es entstand auf dem Nobelschen Werksgelände. Geblieben ist noch der alte Wasserturm der Dynamitfabrik. Auch das Helmholtz-Forschungszentrum Geesthacht (HZG) hat hier seinen Sitz. Am Fluss faszinieren die Staustufe mit der Elbschleuse und die größte Fischaufstiegsanlage Europas. Mehr über den experimentierfreudigen Mann, nach dem ein Preis benannt wurde, erfährt man im GeesthachtMuseum.

www.geesthacht.de
www.herzogtum-lauenburg.de/geesthacht

> **Nobel experimentierte unterdessen weiter, sicherheitshalber auf einem Kahn in der Elbe.**

■ Das Museum informiert über die Tradition der Elbeschifffahrt

■ Auch Lauenburg selbst bietet besondere Anblicke

Die Arschbackenbrühe der Binnenschiffer

28

Wer heute nach „Elbeschifffahrt" sucht, findet vor allem Ausflugsfahrten. Doch traditionell hat der Begriff eine weitaus größere Bedeutung. Es begann mit dem Einbaum und führte bis zu den heutigen Tankschiffen. Ein Dreh- und Angelpunkt war und ist noch immer Lauenburg. Das Städtchen liegt am Elbufer, in seinem Gebiet zweigt der Elbe-Lübeck-Kanal ab und rund drei Kilometer weiter der Elbe-Seitenkanal. Bereits ab 1398 war es über den Stecknitzkanal mit Lübeck verbunden und kann die historisch einmalige Palmschleuse vorweisen (siehe Nr. 79). Es versteht sich also von selbst, dass in Lauenburg das Elbschifffahrtsmuseum seinen Platz finden musste. Dort ist 2014 die neue Ausstellung „Mensch–Modell–Maschine" eingezogen. Sie berichtet, wie sich die Arbeits- und Lebensbedingungen beim Schiffbau und in der Schifffahrt innerhalb von 1.000 Jahren veränderten. Man erfährt auch, was „Arschbackenbrühe" für Binnenschiffer bedeutete, begegnet Persönlichkeiten wie dem Reeder Basedow, einheimischen Flößern oder Schleusenwärtern. In anderen Räumen ist zu erleben, wie sich der Elbgrund bei Niedrigwasser oder rutschige Eisschollen auf der winterlichen Elbe anfühlen. Auch die Perspektiven rund um das Museum gefallen: Besonders die backsteinrote Altstadt, hinter deren Häuserfronten Lokale mit Elbterrasse oft etwas versteckt liegen, und über alldem die ehemalige Residenz der Herzöge Sachsen-Lauenburg. Von der Schlossanlage sind noch ein Gebäudeflügel und der mittelalterliche Schlossturm mit Gefängniszellen geblieben.

www.lauenburg-elbe.de

In der besonders backsteinroten Altstadt verstecken sich Lokale mit Elbterrasse oft hinter den Häuserfronten.

■ Im linken Trog ist das Schiff gerade ganz oben

■ Blick über die Elbe – vom höchsten Punkt des Hebewerks

Wo die Schiffe Aufzug fahren

29

Was macht ein schwimmendes Transportmittel, wenn es 38 Meter höher möchte? Klar, es nimmt den Aufzug. Es ist ein klein wenig wie bei einem feinen Hotel, wo man nicht einmal selbst den Knopf drücken muss. Der Page sitzt hier in der Betriebszentrale. Diese steuert das Auf und Ab im Schiffshebewerk Scharnebeck, dem größten seiner Art in Deutschland. Als es 1975 eingeweiht wurde, war es sogar das weltweit größte Doppelsenkrecht-Schiffshebewerk. Hier können zwei Schiffe gleichzeitig in riesigen Trögen von den Elbmarschen hinauf in die Geestlandschaft der Lüneburger Heide gehoben werden – oder wieder hinab. Da müssen alle durch, die den Elbe-Seitenkanal in diesem Abschnitt befahren. Vier Motoren treiben die 5.800 Tonnen schweren Wassertröge an, ein ausrangierter ist auf dem Gelände zu bewundern. Für Besucher gibt es ein Informationszentrum, in dem die die Technik von Schleusen und Hebewerken erklärt wird. Von zwei Aussichtsplattformen aus kann man bei den Schleusungen zuschauen. Am schönsten ist es natürlich, einmal selbst im Boot in einem der Wassertröge mitzufahren. Das geht auch bei Ausflugsfahrten mit Barkassen, die extra das Hebewerk passieren. Vom höchsten Punkt eröffnet sich eine Aussicht über den Elbe-Seitenkanal und die Auenlandschaft, den man kurz genießen kann. Dann geht es wieder runter. Der Aufzug ist auch schon öfter mal ausgefallen und mit 100 Meter Troglänge zu kurz für moderne Schubverbände. Man plädiert daher für einen neuen, der auch 225 Meter lange Binnenschiffe aufnehmen kann.

Infozentrum WSA Uelzen

Am Unteren Vorhafen
21379 Scharnebeck
Tel: 04136 91262931
www.wsa-uelzen.wsv.de
www.schifffahrt-hebewerk-scharnebeck.de

Zwei Schiffe gleichzeitig können in riesigen Trögen von den Elbmarschen hinauf in die Lüneburger Heide gehoben werden.

- Das Biosphaerium Elbtalaue ermöglicht einen Blick in den Biberbau

- Die Ausstellung informiert umfassend über das Biosphärenreservat

Bei Meister Bockert in Bleckede

Sein Meistertitel entstammt Fabeln, aber er trägt ihn zu Recht. Weiß doch der Biber am allerbesten, wie man effektive Flussbauwerke anlegt. Bei schwankendem Wasserstand konstruiert er Dämme, damit der Eingang zu seiner Burg immer unter der Wasseroberfläche liegt. Den Wohnkessel kleidet er mit Holzspänen aus, bringt Schlamm, Wasserpflanzen und Hölzer ein, um eine angenehme Temperatur herzustellen. Zugleich gestaltet er Feuchtgebiete mit seinen wasserregulierenden Bauwerken. Damit trägt Meister Bockert zur Renaturierung der Elbauenlandschaft und einer artenreichen Flora und Fauna bei. Beinahe hätte es ihn selbst erwischt: Menschen jagten ihn wegen seines Fleisches, des Fells und des vermeintlich wundersamen Bibergeils – seinem Drüsensekret, das auch bei der Parfümherstellung verwendet wird. Durch entwässerte Landschaften und ausgebaute Flüsse minimierte sich sein Lebensraum. Es führte dazu, dass der Biber, er selbst ist Veganer, im 19. Jahrhundert europaweit so gut wie ausgerottet war. An der Mittleren Elbe zählte man 1919 noch 200 Tiere. Naturschutz und Biberschongebiete trugen dazu bei, dass sich der Bestand erholen konnte. Im Jahr 2009 gab es rund 8.500 Elbebiber. Mit Glück entdeckt man die scheuen Tiere bei Radtouren oder Wanderungen. Auf jeden Fall kann man sie durch eine Glasscheibe im Biosphaerium Elbtalaue in Bleckede beobachten, wo auf dem Freigelände ein Biberbau mit zwei Bewohnern eingerichtet wurde. Auch ansonsten lohnt sich die Ausstellung zum Biosphärenreservat Niedersächsische Elbtalaue.

Biosphaerium Elbtalaue
Schlossstraße 10
21354 Bleckede
Tel: 05852 951414
www.biosphaerium.de

Ein ausgewachsener Elbebiber wiegt 25 Kilogramm und ist 125 Zentimeter lang. Damit ist es das größte Nagetier Europas.

■ Das Fachwerkstädtchen Hitzacker liegt malerisch an der Elbe

■ Im Zollhaus befindet sich heute eine Ausstellung zu dessen Geschichte

Vorkaiserliche Elbzölle und DDR-Erbe

31

„Die Erhebung des Elbzolles hat spätestens am 1. Juli 1870 aufzuhören". So verordneten es „Wir, Wilhelm, von Gottes Gnaden König von Preußen" per Gesetz. Mit der Reichsgründung wurde die Zollpflicht aufgehoben. Damit endete die jahrhundertelange Praxis, dass die Fischer Abgaben auf ihre Waren leisten mussten. In Hitzacker etwa war der Elbzoll bereits seit 1248 eingetrieben worden. Daran erinnert das älteste erhaltene Gebäude (1598) in der Fachwerkstadt: Hier verwaltete der Zöllner die Elbzölle für die Celler Linie des Welfen-Hauses. Heute ist das Alte Zollhaus ein Museum, in dem u.a. über dieses Thema informiert wird. Zu sehen ist auch das „Bücherrad", als Nachbau einer Erfindung des Welfen-Herzogs August dem Jüngeren, der von 1604 bis 1634 in Hitzacker residierte. Ein Teil der Ausstellung berichtet davon, was die innerdeutsche Grenze für die hier lebenden Menschen bedeutete. Die Elbe markierte auf vielen Kilometern die Grenzlinie des Eisernen Vorhangs zwischen Ost und West. Auf dem Deich stand der streng bewachte Sperrgitterzaun. So erinnert man sich in Hitzacker auch an Busladungen von Westdeutschen, die zu DDR-Zeiten anreisten, um einen Blick nach „drüben" zu werfen. Dazu bot sich ein Aussichtspunkt beim Hotel-Restaurant Waldfrieden an. Aus diesem Stück Geschichte stammt in Hitzacker ein ehemaliges Zollboot, das man für Gruppentouren oder Hochzeiten chartern kann. Es diente nach dem Zweiten Weltkrieg vor allem dazu, die Zöllner auf den Motorbooten abzusetzen, damit sie die Kähne, Schlepp- oder Schubverbände kontrollieren konnten.

Zollhaus Hitzacker
Zollstraße 2
29456 Hitzacker (Elbe)
Tel: 05862 8838
www.museum-hitzacker.de

Kur- & Touristinformation Hitzacker
Am Markt 7
29456 Hitzacker (Elbe)
Tel: 058629 6970
www.elbtalaue.de

> Busladungen von Westdeutschen reisten an, um einen Blick nach „drüben" zu werfen.

■ Der Hafen von Lüneburg lädt zum Genießen ein

■ Im Deutschen Salzmuseum auf dem ehemaligen Gelände der Saline

Die Stadt der Sülfmeister

Ach ja, die schöne Heide, denken die wohl meisten unweigerlich bei Lüneburg. Viele Jahrhunderte lang sorgte jedoch etwas ganz anderes für den guten Ruf der südlich von Hamburg gelegenen Stadt: das „weiße Gold". Sie verdankte es dem urzeitlichen Zechsteinmeer, das sich vor 250 Millionen Jahren bis in die Region erstreckte und Ablagerungen hinterließ. Diese befanden sich hier nahe der Oberfläche und ließen sich mit einfachen Mitteln ans Licht befördern. Die Saline, mit der das Salz gewonnen wurde, hatte ihr Haupttor am Lambertiplatz. Der zentrale Salzbrunnen („Sod") war von 54 Siedehütten umringt, in denen Sülfmeister die Pfannen besiedeten. Es brachte Lüneburg das Alleinstellungsmerkmal als Salzlieferant in Norddeutschland ein und führte dazu, dass die Stadt in den mittelalterlichen Kaufmanns- und Städtebund der Hanse aufgenommen wurde. Über 1.000 Jahre, noch bis 1980, dauerte die Produktion an. Geblieben sind denkmalgeschützte Teile der späteren Anlage, unter anderem das Brunnenhaus von 1832, das Siedehaus von 1924, der Salinenwall mit zwei Solebehältern und hölzerne Soleleitungen. Sie sind im Deutschen Salzmuseum zu besichtigen, das auf dem ehemaligen Gelände der Saline eingerichtet wurde. Jährlich im Herbst lädt die Stadt zu den Sülfmeistertagen, einem Fest rund um das Thema Salz. Auch das nahezu unversehrte Stadtbild mit prächtigen Giebelhäusern und dem historischen Hafen erinnert an die blühenden Zeiten. All dies brachte Lüneburg den Titel „Hansestadt" zurück. Seit 2007 darf sie ihn wieder tragen.

Deutsches Salzmuseum
www.salzmuseum.de
www.lueneburg.info

> Als alleiniger Salzlieferant in Norddeutschland wurde Lüneburg in den Kaufmanns- und Städtebund der Hanse aufgenommen.

■ Oft geht es direkt am Ufer entlang, mit besonderen Perspektiven

■ An der Alten Salzstraße liegt die historische Drahtseilfähre Siebeneichen

Historisch nach Lübeck und Bardowick

Das, was es in Lüneburg so reichlich gab, benötigten in früheren Jahrhunderten auch andere Städte. Vor allem für Fisch waren Massen von Salz als Konservierungsmittel erforderlich. Also brachten Händler es mit Pferd und Wagen nach Lübeck. Von dort wurde es in den gesamten Ostseeraum verschifft. Der zurückgelegte Landweg heißt heute Alte Salzstraße und ist ein beliebter Fernradweg. Auf einer Strecke von rund 100 Kilometern geht es von Lüneburg über Lauenburg und Mölln nach Lübeck, oft direkt am Ufer des Elbe-Seitenkanals oder des Elbe-Lübeck-Kanals entlang. So kommt man auch am Schiffshebewerk Scharnebeck, historischen und modernen Schleusen sowie der historischen Drahtseilfähre Siebeneichen vorbei, an der man den Fährmann per Glockenläuten ruft. Drei Sterne verlieh der ADFC der gut befahrbaren Strecke, auf der es nur manchmal holperig wird. Eine abwechslungsreiche Nebenroute führt durch die hügelige Landschaft des Naturparks Lauenburgische Seen. In Lüneburg beginnt außerdem ein Pfad, über dem schwere Zugpferde Salztransporte den Fluss Ilmenau entlang zogen: Sie „treidelten" die Schiffe auf dem Weg Richtung Elbe. Über diesen alten Treidelpfad geht es heute wandernd oder radelnd nach Bardowick. Die Samtgemeinde liegt rund sechs Kilometer weiter nördlich und besticht mit dem mittelalterlichen Backsteindom St. Peter und Paul. Dieser wurde ab dem 14. Jahrhundert errichtet, war nie wirklich eine Bischofskirche und bietet mit einen beiden niedrigen Türmen einen besonderen Anblick.

www.lueneburg.info
www.luebeck-tourismus.de
www.bardowick.de

Wo Händler mit Pferd und Wagen unterwegs waren oder Schiffe getreidelt wurden, entstanden schöne Radwanderrouten.

■ Kleopatra zwischen ihren schwarz-grauen Artgenossen

■ Das extravagante Lamm sorgte für Presserummel und einen prominenten Paten

Kleopatra, die schnuckelige Außenseiterin

Wer in einer Gruppe negativ auffällt, gilt normalerweise als schwarzes Schaf. Die Redewendung begründet sich damit, dass die Wolle eines einzigen dunklen Tieres die Qualität der ganzen Herde mindern konnte, da sie sich nicht so gut färben lässt wie weiße. In der Lüneburger Heide ist alles anders. Es war eine Sensation, als 2012 das erste weiße Lamm geboren wurde. Denn die Graue Gehörnte Heidschnucke, die hier knabbernd für die Landschaftspflege sorgt, kommt normalerweise schwarzgelockt zur Welt. Nach einem Jahr wächst die graue Wolle durch; Beine, Kopf und der Brustlatz bleiben schwarz. Nun aber säugte ein wollweißes Junges an seiner Mama. Das hatte selbst der älteste Schäfer der Region noch nicht erlebt, berichtete der zuständige Verein Naturschutzpark. Niemand konnte es erklären. „Da ist dem Bock die Tinte ausgegangen", vermutete Thilo Fleischer, der Hüter der Herde im Heidetal bei Niederhaverbeck. Auch die Artgenossen konnten mit dem Neuzugang erst einmal nichts anfangen. „Die Schafe haben genauso dumm geguckt wie ich", erklärte er gegenüber dem Hamburger Abendblatt. Kleopatra, so wurde das Tier genannt, habe es daher zunächst ein bisschen schwer gehabt. Genauso wie die regionale Presse berichteten Tageszeitungen in Süddeutschland über das Ereignis. Auch der damalige Umweltminister Niedersachsens, Dr. Stefan Birkner, reiste an. Er übernahm die Patenschaft für die extravagante Schnucke und ihre Zwillingsschwester namens Cäsar. „Normale" Heidschnucken wie sie trifft man häufiger bei Spaziergängen durch diese schöne Landschaft.

www.verein-naturschutzpark.de

Ob dem Bock die Tinte ausgegangen war, wie Schäfer Thilo Fleischer vermutete?

- Das gefräßige Ungeheuer hat immer Appetit auf Wagemutige

- Besonders sind auch die anderen Attraktionen des Freizeitparks

Ein Flug mit Kicks und Dämonen

35

Man könnte sich doch auch mal mit 100 Stundenkilometern in den Schlund eines Seeungeheuers stürzen. Wer Lust auf diese oder andere Abenteuer bekommt, fährt in die Lüneburger Heide, lässt Kraut und Schnucken links liegen und begibt sich in den Süden der Region. Dort sind ganz andere Wesen zuhause, zum Beispiel auch Dämonen, die Mutige auf einen Flug mitnehmen: In Deutschlands einzigem Wing Coaster fehlt beim Achterbahnfahren der Boden unter den Füßen, auch über den Köpfen bleibt der Raum frei. Das macht die ganze Sache noch spannender. Eine andere Bahn funktioniert mit Katapultstart und befördert einen mitten in die Wüste. Bei Mountain-Rafting geht es mit der Wildwasserbahn durch Wasserfälle, Stromschnellen und Strudel. Auch der mit 103 Metern weltweit höchste Gyro-Drop-Tower steht hier, obendrein auf einem 30 Meter hohen Hügel. Die Höhe des freien Falls beträgt dabei 71 Meter, was völlig ausreicht, nach den Gesichtern Aussteigender zu urteilen. Den Namen „Scream" trägt der Turm aus gutem Grund. Wer dazu noch zu klein oder schüchtern ist, hängt sich in den nur 12,6 Meter hohen Screamie, für ein Adrenalinkickchen sozusagen. Seit 2017 können Besucher des Vergnügungsparks in einer dunklen Lagerhalle zu Ghostbusters werden. Mit Laserpistole und 3D-Brille geht es auf eine interaktive 5D-Geisterjagd. Alle, die Schleimgeister und anderen Grusel auch im Schlaf um sich haben möchten, buchen sich ein Zimmer im zugehörigen Abenteuerhotel. Wer das zu heftig findet, nimmt zum Beispiel eins mit Cowboys und Indianern.

www.heide-park.de

Im Süden der Lüneburger Heide sind ganz andere Wesen zuhause, unter anderem auch ein Seeungeheuer.

■ Ein Teil des Estewanderwegs führt durch den Regionalpark Rosengarten

■ Viele Hamburger zieht es in den Wildpark Schwarze Berge

Schöner, als Amtsdeutsch vermuten lässt

36

Ein Regionalpark ist „ein Instrument der Regionalplanung für ein landschaftsbezogenes Regionalmanagement in Stadtregionen." Wie das, was für Spaß und Erholung sorgen soll, so schnöde Wortungetüme hervorbringen kann, muss noch geklärt werden. Jedenfalls sollte es einen nicht davon abhalten, nahe dem Elbtunnel eine Autobahnausfahrt zu nehmen oder mit dem Zug zum Beispiel nach Buchholz zu fahren. Unmittelbar südlich von Hamburg liegen die Harburger Berge, die Schwarzen Berge und das Este-Tal, bilden mit Heide, Mooren und Ackerlandschaften einen Mix der Ausblicke und Natureindrücke. Sie alle gehören zum Regionalpark Rosengarten. Hier kann man auch wunderbar durch Buchenwälder spazieren und Sehenswertes entdecken, etwa „Dat ole Fösterhuus", den Karlstein, das Mühlenmuseum in Moisburg, das Hünengrab Kleckerwald, den Burgwall Hollenstedt und noch vieles andere mehr. Für Kulturfreunde ist die Kunststätte Bossard ein besonderer Tipp (siehe Nr. 85). Familien zieht es vor allem in den Wildpark Schwarze Berge mit seinen kostenlosen Flugschauen und Schaufütterungen. Highlights sind auch das Freilichtmuseum und das Agrarium am Kiekeberg (siehe Nr. 38). In den Sommermonaten können alle den kostenfreien Regionalpark-Shuttle nutzen. Der Bus fährt an den Wochenenden und Feiertagen und nimmt auch Fahrräder mit. So kommt man vom Bahnhof in Buchholz oder den S-Bahn-Stationen Neugraben, Neuwiedenthal oder Neu Wulmsdorf auch ohne eigenes Kfz in entlegenere Winkel des Naherholungsgebietes.

www.regionalpark-rosengarten.de

Unmittelbar südlich von Hamburg erwartet einen ein Mix der Ausblicke und Natureindrücke.

■ Besonders für Familien ist „der Kiekeberg" ein tolles Ausflugsziel

■ Auch der Pilz-Kiosk aus den 1950er Jahren ist ein Unikum

Ururopas Mähdrescher und mehr

37

Wie bekommt man als Parkplatz eine Bioland-Zertifizierung? Ganz einfach, man gestalte ihn als Landwirtschaftlichen Entdeckergarten. So geschah es am Kiekeberg. Wer hier aus dem Auto steigt, steht schon inmitten zwischen von 300 seltenen Obstsorten, beäugt von Schafen und Kühen. Entdeckerrouten verraten einiges über Obstbau, Viehzucht, Ackerbau und die Region. Seit 2012 werden Besucher hier auf diese Weise empfangen, als das Agrarium in das Freilichtmuseum einzog. Dort wird unter anderem auch die Frage, wie ein Mähdrescher im Jahre 1830 aussah, umgehend beantwortet. Man erfährt, wie ein moderner Mähdrescher gefahren wird und darf in einer Fahrerkabine selbst einmal einen lenken. Auch andere Geräte können Besucher hier erleben und ausprobieren, sie können eine Kuh melken oder sich zum Thema Ernährung informieren. Das Freilichtmuseum veranschaulicht die Geschichte der Lüneburger Heide und der Winsener Marsch. Es vereint mehr als 40 Bauernhäuser und Scheunen aus unterschiedlichen Zeiten, nimmt einen mit auf eine Reise von 1600 bis in die 1950er Jahre. Man begegnet dabei typischen Nutztieren wie bunten Bentheimer Schweinen, Ramesloher Hühnern und Pommerschen Gänsen. In Handwerksbetrieben wird gebrannt, gebacken, geschmiedet, gewebt und Kaffee geröstet wie zu Uromas Zeiten. Es gibt für Kinder einen Wassererlebnispfad und für alle Besucher verschiedene Aktionstage. So kann man am Kiekeberg auch mitten in ein Traktorentreffen oder einen historischen Jahrmarkt geraten.

www.kiekeberg-museum.de

Man steigt aus und steht schon inmitten von rund 300 seltenen Obstsorten, beäugt von Schafen und Kühen.

■ Schäferin Ute Pelka ist mit ihrer Schnuckenherde täglich unterwegs

■ Hamburgs höchster Punkt, in der Kiste das Gipfelbuch, ist gut markiert

Gipfelsturm und Frühgeschichte

38

Er befindet sich an einem der südlichsten Zipfel Hamburgs, im äußersten Zacken der Grenzlinie, aber noch auf Stadtgebiet. Also kann Hamburg stolz einen 116,2 Meter hohen Berg vorweisen – den Hasselbrack. Auch ein Gipfelbuch ist dort vorzufinden, in das man sich eintragen kann. Es liegt in einer auch von Geocachern genutzten Blechkiste. Das Kreuz wurde inzwischen durch einen großen Stein ersetzt. Er markiert die maximale natürliche Erhebung der Hansestadt, von deren Weltgewühle hier, im wunderkühlen Wald, nichts zu spüren ist. „Oh, wie ist dein Rauschen süß", Goethe hätte es gut gefunden. Hier steht man bereits in den Harburger Bergen, die weiter südlich noch höher werden (ca. 155 Meter). Und genauso im Naturschutzgebiet Fischbeker Heide, auch wenn es landschaftlich nicht so aussieht. Das ändert sich einige Kilometer weiter nördlich, wo sich weite Heideflächen, knorrige Krattwälder, Sandhügel und Trockenrasen erstrecken und im Spätsommer der Boden lila wird. Die Vielfalt erschließt sich bei einer Rundwanderung, etwa der acht Kilometer langen Route W 6, die mit gelbem Pfeil auf blauem Kreis markiert ist. Los geht es bei einem umgebauten Schafstall im Fischbeker Heideweg. Hier zog ein von der Loki-Schmidt-Stiftung betreutes Naturschutz-Informationshaus ein. Nebenan leben noch Schafe, eine Schnuckenherde zieht täglich los, um an der Heide zu knuspern. Wer von hier aus Richtung Hasselbrack läuft, gerät auch bis in die Jungsteinzeit. Ein archäologischer Wanderpfad führt zu elf rekonstruierten Großstein- und Hügelgräbern aus verschiedenen Epochen.

Infohaus Fischbeker Heide

Fischbeker Heideweg 43a
21149 Hamburg
Tel: 040-7026618
www.loki-schmidt-stiftung.de

Vom Weltgewühle ist hier, im wunderkühlen Wald, nichts zu spüren. Goethe hätte es gut gefunden.

■ Die Besucherplattform am Neßdeich bietet freie Sicht auf die Startbahn

■ Plätze wie beim Rüschpark laden zum Blick auf das nördliche Elbufer ein

Die Halbinsel der Speckscholle

39

Viele blicken auf Finkenwerder und ziehen die Köpfe ein: Fette Flieger sausen im Sinkflug über den Jenischpark und die Elbe, so tief, dass man es an den Haaren zu spüren glaubt. Sie landen direkt am südlichen Ufer, denn hier befindet das Airbus-Werk. Mit 16.000 Beschäftigten ist es Hamburgs größter Arbeitgeber, wofür das naturgeschützte Mühlenberger Loch einiges einbüßen musste. Wer einmal dabei sein möchte, wenn Großraumflugzeuge zusammengebaut werden, kann das Gelände bei geführten Touren besichtigen. Von außen kann man einen Blick auf das Vorfeld, die Start- und Landebahn sowie den Roll- und Schleppverkehr des Sonderflughafens werfen: Auf dem Neßdeich befindet sich eine Besucherplattform. Das traditionelle Finkenwerder ist ganz anders mit seinen Backsteinbauten, dominiert vom Lotsenhaus Seemannshöft (errichtet 1914) auf der Spitze einer Landzunge. Genauso wie Airbus ist der Signal- und Beobachtungsturm mit der riesigen Uhr vom Nordufer aus zu sehen. Er markiert die Einfahrt des Hamburger Hafens. Hier sind die Hafenlotsen, der Schiffsmeldedienst, die Arbeitsgemeinschaft Hamburger Schiffsbefestiger und die nautische Zentrale untergebracht. Wer noch genauer hinsieht, erkennt auch die Wasserrutsche des Finkenwerder Freibads. Hier können Schwimmer einen Blick auf die Elbe genießen – ähnlich wie in Brunsbüttel (siehe Nr. 44). Die Halbinsel ist außerdem bekannt für Scholle mit Speck, Zwiebeln und Nordseekrabben („Finkenwerder Scholle"). Mit der mit der Fähre ab Teufelsbrück ist man schnell drüben.

www.finkenwerder.de
www.werksfuehrung.de

> Das traditionelle Finkenwerder ist ganz anders mit seinen Backsteinbauten, dominiert vom Lotsenhaus Seemannshöft.

■ Kaum irgendwo sonst kann man so schön auf dem Deich radeln

■ Mit dem „Apfelkistenexpress" geht es durch die Plantagen

Historie einer Kulturlandschaft

40

Um die besondere Kulturlandschaft zu verstehen, die südlich von Finkenwerder beginnt und sich Richtung Osten bis Stade erstreckt, geht man am besten durch ein prunkvolles Tor in der Straße Westerjork 49. Es steht mitten in dem Städtchen Jork, und ein edler Schriftzug darauf verkündet vom Rotary Club – was keineswegs bedeutet, dass nur Rotarier hier durchgehen dürfen. Vielmehr hat der hier ansässige Club den Nachbau der ältesten im Alten Land erhaltenen Prunkpforte (1683) ermöglicht. Die Mitglieder indes treffen sich regelmäßig sieben Kilometer weiter im Steinkirchener Restaurant Windmüller, neben dem ebenfalls solch ein schmuckes Tor steht. Das Tor in Jork gehört zum Museum Altes Land, und schon das Fachhallenhaus, in dem es untergebracht ist, beeindruckt. Die Ausstellung informiert über die Geschichte und Entwicklung der Region, das Leben der Bewohner und auch über ihre ständige Auseinandersetzung mit dem Wasser. Zum Hofensemble gehört außerdem eine denkmalgeschützte Durchfahrtsscheune von 1590. Jork mit seinen rund 12.000 Einwohnern ist das touristische Zentrum der Region. Vor allem an Wochentagen mischt es sich mit metropolnaher Betriebsamkeit, doch es gibt hier auch noch einiges mehr an Schönem zu entdecken. Etwa das Geschäftshaus des Zigarrenmachers Jacob Feindt aus dem 19. Jahrhundert oder die Windmühle „Aurora" am Elbdeich in Jork-Borstel. Dort befindet sich auch ein kleiner Museumshafen mit der Tjalk „Annemarie". Sie brachte von 1925 bis 1938 das Altländer Obst zu den Märkten an der Elbe.

Museum Altes Land
Westerjork 49
21635 Jork
www.tourismus-altesland.de

Museumshafen Borstel
www.museumshafen-borstel.de

Die älteste im Alten Land erhaltene Prunkpforte wurde nachgebaut und ziert den Eingang zum Museumsgelände.

■ Zum Träumen verleitet der Hafen in den Abendstunden

■ Die verwinkelte Altstadt mit der barocken St.-Cosmae-Kirche

Hansestadt mit oft unentdecktem Charme

Viele wissen nicht, wie schön Stade ist. Wer ahnungslos hinfährt, wird überrascht von einer hübschen, verwinkelten Altstadt, umgeben von einem Burggraben und einstigen Wallanlagen. Der zwischen Cuxhaven und Harburg strategisch günstige gelegene Hafen spielte im Mittelalter eine zentrale Rolle. Obendrein war die Hansestadt über die Elbfähren mit dem Ochsenweg verbunden, jener historischen Handelsstraße, die durch Schleswig-Holstein bis Dänemark verlief, und lag an den Fernhandelswegen Richtung Paderborn und Hannover. Einiges Sehenswertes stammt auch aus ganz anderen Zeiten. So erinnert im Hansehafen ein barockes Backsteingebäude (spätes 17. Jhdt.) daran, dass hier auch schon die Schweden das Sagen hatten. Sie eroberten Stade 1643, also gegen Ende des Dreißigjährige Krieges, und bauten es zu einer bedeutenden Festung aus. Bis 1712 dauerte ihre Herrschaft an. Das Gebäude diente der schwedischen Garnison als Provianthaus. Heute ist im Schwedenspeicher ein Museum untergebracht. Es widmet sich der Geschichte Stades sowie der Archäologie und Geschichte des Elbe-Weser-Raums. Neben der großen Altstadtinsel gibt es noch eine kleinere Insel. Hier verzückt eines der ältesten Freilichtmuseen Deutschlands. Ein 1733 errichtetes Altländer Bauernhaus zeigt reich verziertes Mauerwerk und noch einen Großteil der ursprünglichen Einrichtung. Nebenan steht ein Geest-Bauernhaus von 1641 mit der Insel-Gaststätte. Eine Bockwindmühle und eine Altländer Prunkpforte komplettieren das schmucke Ensemble.

Museum Schwedenspeicher
Wasser West 39
21682 Stade
Tel: 04141 797730
www.museen-stade.de

Die Altstadt von Stade ist von einem Burggraben und einstigen Wallanlagen umgeben.

■ Bei Ebbe umrahmen nur noch Watt und Priele die Insel

■ In den Sommermonaten rollen etliche Wattwagen an

Der Stadtteil im Wattenmeer

Rund 130 Kilometer vor der Stadt liegt ein Stück Hamburg mitten im Wattenmeer. Die Insel Neuwerk vor Cuxhaven gehört zum Bezirk Mitte der Hansestadt. Es hat historische Gründe: Bereits 1286 erhielt Hamburg die halbe Insel vom Herzogtum Sachsen-Lauenburg und 1299 das Recht, dort einen Turm zu errichten. Elf Jahre später war dieser fertig, er diente auf dem Eiland an der Elbmündung als Seezeichen und als Vorposten gegen Seeräuber. Jahrhunderte später wurde dieser Festungsturm zum Leuchtturm. So steht er dort, viereckig und aus Backstein, noch immer und man kann in ihm sogar übernachten. Er gilt als das älteste Gebäude Hamburgs. Heute hat Neuwerk rund 40 Einwohner. Im Sommer wird es voll auf den 3,3 Quadratkilometern, denn es kommen jährlich rund 100.000 Touristen zu Besuch. Viele fasziniert die Möglichkeit, zu Fuß herüberzuspazieren oder mit dem Wattwagen anzurollen, beides ist bei Ebbe möglich. Auf dem Deich lässt sich die Insel in etwa einer Stunde umrunden. Recht bekannt ist auch der Friedhof der Namenlosen, auf dem Schiffbrüchige bestattet wurden, weniger sind es jedoch das Badehaus und die Bernsteinsammlung eines pensionierten Insellehrers. Zum Hamburger Stadtteil Neuwerk gehören außerdem die unbewohnten Inseln Nigehörn und Scharhörn. Eine Fähre verkehrt ab Cuxhaven. Wer zu Fuß kommen möchte, hat die Wahl zwischen der Strecke ab Sahlenburg (ca. zehn Kilometer) oder ab Duhnen (zwölf Kilometer). Der Weg ist mit sogenannten „Pricken" markiert, jedoch ist es immer sicherer, sich einem Wattführer anzuschließen.

Fähren und Wattwagen
ab Cuxhaven:
www.cassen-eils.de
Pension im Leuchtturm:
www.leuchtturmneuwerk.de

> **In dem markanten Leuchtturm, viereckig und aus Backstein, man kann man heute übernachten.**

■ Doch, die Nordsee ist auch da (hinten), und reichlich Platz für alle

■ Im Ortsteil „Dorf" entführen Reethütten in vergangene Zeiten

Wo der Himmel voller Drachen hängt

43

Für viele Hamburger ist Schleswig-Holstein nichts weiter als „Sylt und ein bisschen Festland", so ungefähr beschrieb es „Die Zeit" einmal in ihrem Regionalteil. Mit dem bisschen Nicht-Insel war vermutlich, außer Timmendorf an der Ostsee, das Nordseeheilbad St. Peter-Ording gemeint. Denn da fahren auch viele Hansestädter hin – verwundert darüber, dass die anderen noch 180 Kilometer mehr auf sich nehmen, es dabei obendrein riskieren, im Autoreisezug festzusitzen. Hat doch „SPO" einen ungefähr genauso langen (zwölf Kilometer) herrlichen Sandstrand, mit Wattenmeer und Dünenzone und weitläufigen Salzwiesen, obendrein einem Kite-Surfer-Hotspot, an dem der Himmel an windreichen Tagen auch voller Lenkdrachen hängt. Ja, selbst der sogenannte Sylter Fischkönig ist hier unübersehbar vertreten. Na gut, manch einer vermisst die Buhne 16, die Sansibar oder die Whiskeymeile,

www.st-peter-ording.de

Mit seinem langen Sandstrand, Wattenmeer und besonders weitläufigen Salzwiesen kann „SPO" durchaus mit Sylt konkurrieren.

dafür gibt es nur hier Strandhäuser auf Stelzen und eine von einer Arbeitsgemeinschaft liebevoll gestaltete, begehbare Ortschronik: Mitten im „Dorf" von St. Peter-Ording wurden Reetdachhütten aus alten Zeiten nachgebaut, unter anderem ein Eiskeller, das schaurige Schipperhus und ein Backhaus, in dem es sogar regelmäßig frisches Brot gibt. Und noch mehr Museales und Schönes ist in der Umgebung zu entdecken, genauso wie natürlich auch das übrige Schleswig-Holstein bei vielen Hamburgern äußerst beliebt ist. Wahrscheinlich hat die besagte Wochenzeitung diesen Typ des Großstädters auch gar nicht gemeint, sondern nur den mit den aufklappbaren Autodächern.

44 Kraulend Pötten hinterherschauen

Freibad Ulitzhörn
www.freizeitbad-brunsbuettel.de

Es ist eindrucksvoll, am Kanalufer bei der großen Schleuse zum Nord-Ostsee-Kanal zu stehen und den großen Pötten hinterher zu schauen. Luxuslinern etwa, mit winkenden Passagieren, die bestimmt gleich im großen Bordpool plantschen werden. Noch viel schöner aber ist es dabei selbst in Rückenlage im Wasser zu treiben, mit Sonne auf dem Bauch. **Das geht abseits der Aussichtstürme. Am Ende der Brunsbütteler Promenade versteckt sich ein Freibad.** Nur jene sehen es von Weitem, die auf Schiffen vorbeifahren. Bestimmt dachte schon der eine oder andere: Ach, wie schön wäre es, nun dort Bahnen zu kraulen oder von der Strandkorb-Loge aus auf die Elbe zu schauen.

■ Bei solchen Anblicken vergisst manch einer auch ins Wasser zu springen

Schlick-Engeln und andere Disziplinen

45

Schon weit vor der Nordsee kann man bei Ebbe im Watt herumrutschen, was ziemlich fröhlich stimmt. Noch lustiger wird es am Elbdeich in Brunsbüttel bei der Wattolümpiade. **In der natürlichen Matsch-Arena messen sich die Wattlethen** bei Disziplinen wie Schlick-Engeln oder Schlickschlittenrennen. Auch klassische Sportarten wie Handball und Fußball werden als Wettkampf ausgetragen – mit dem gewohnten Anblick hat es allerdings kaum etwas gemeinsam. Zu erleben ist dies fast jedes Jahr, 2017 gab es stattdessen die erste nationale Fußball-Deichmeisterschaft. Die Einnahmen der Events kommen der Schleswig-Holsteinischen Krebsgesellschaft zugute.

www.wattoluempia.de

Rekordverdächtig: Schlick-Engeln in höchster Präzision

46 Letzte Ruhe im Festungsrund

www.burg-dithmarschen.de

Dem Nord-Ostsee-Kanal können auch Wanderer und Radfahrer folgen. An beiden Kanalufern verläuft ein rund 100 Kilometer langer Weg zwischen Brunsbüttel und der Kieler Förde. Eine erweiterte Route (325 km) macht Schlenker durch das Binnenland. So oder so entdeckt man dabei Burg in Dithmarschen mit seiner Fährstation. Das Städtchen ist nach der Bökelnburg (um 800) benannt. Sie erhebt sich auf einer Anhöhe am Geestrand – oder vielmehr das, was von ihr übrig ist, ein sechs Meter hoher Erdringwall. In seinem Inneren befindet sich der alte Burger Friedhof. **Von der Wallkrone eröffnet sich ein herrlicher Blick über die Moorwiesen bis zum Nord-Ostsee-Kanal.**

■ Der Erdringwall umrahmt heute den Burger Friedhof

Torf-Ever und Kümos

47

In Burg hat auch die Schifffahrt Geschichte geschrieben. **Mit flachbödigen Evern transportierte man im 18. Jahrhundert Torf von Dithmarschen nach Wilster.** Einige dieser Boote wurden auch in Burg gezimmert. Die Entwicklung bis hin zur heutigen Containerschifffahrt ist im Burger Museum dokumentiert. Zu besichtigen ist unter anderem die originale Kapitänskajüte eines Küstenmotorschiffs (Kümos) von 1932. Auch Handwerks- und Gewerbebetriebe der beiden letzten Jahrhunderte werden authentisch präsentiert. So steht man plötzlich in einer alten Landapotheke oder kann einen Kaufmann, Uhrmacher, Frisör, Sattler oder Zahnarzt wie anno dazumal besuchen.

www.burg-dithmarschen.de

In der Kapitänskajüte könnte man sich wohlfühlen

Brunnenkunde an tiefster Stelle

Wilstermarsch
www.wilster.de

Zwischen drei Fließgewässern – Elbe, Stör und dem Nord-Ostseekanal – ist das Land tiefergelegt. **Hier erstreckt sich die unter dem Meeresspiegel abgesackte Wilstermarsch mit einem Rekord** in der Gemeinde Neuendorf-Sachsenbande. Stolz beschildert und mit einem Gästebuch ausgestattet ist die tiefste begehbare Stelle Deutschlands. Sie liegt exakt 3,54 Metern unter Normalnull und befindet sich bei einem informativen Rastplatz. Man erfährt hier auch, wie ein artesischer Brunnen funktioniert. Die Region ist außerdem für den Wilstermarschkäse bekannt, der heute in Bad Bramstedt bei Hamburg produziert wird.

■ Äußerst informativ ist die tiefste Stelle Deutschlands

Ein Work-out für schmackhafte Karpfen

49

Der gemeine Karpfen dümpelt träge durch Seepflanzen und bewegt sich dabei wenig. Nicht so jedoch die Artgenossen im Bokeler See zwischen Barmstedt und Bad Bramstedt. Sie wachsen in einem fließenden Gewässer auf, der Mühlenbach durchströmt den See, und müssen sich daher mehr anstrengen. „Sozusagen ein Work-out für die Fische", erklärt Alexander Erich vom Ringhotel Bokel-Mühle am See. „Ihr Fleisch ist dann besonders fest, fettarm und äußerst schmackhaft." Gäste des Restaurants können Speisen wie ein feines Domino vom Spiegelkarpfen genießen. Genauso steht der Mühlenteich mit seinem Wanderweg allen Ausflüglern offen.

Ringhotel Bokel-Mühle am See
www.bokelmuehle.de

Das jährliche Abfischen am Bokeler See ist ein besonderes Ereignis

50 Baumtelefon und Besenheide

Störkathener Heide
www.stadtmarke
ting-kellinghusen.de

Bäume kommunizieren miteinander, weiß man seit dem Sachbuch von Peter Wolleben. Nördlich von Kellinghusen ist zu erfahren, dass sie Menschen auch als Telefon dienen können, denn dort steht ein solches. Es ist eine von vielen Stationen des Lehr- und Erlebnispfades in der Störkathener Heide. Dort kann man unter anderem auch auf einem Baumxylophon spielen oder plötzlich mitten in einer kleinen Heidschnuckenherde stehen. Sie ist ohne Schäfer in einer abgegrenzten Zone mit Besenheide unterwegs, durch die der Pfad führt. Anschließend steht fest: Heideschönheiten gibt es auch auf der anderen Seite Hamburgs, fernab von Lüneburg.

■ Es kommt vor, dass eine dösende Schnuckenherde den Pfad beansprucht

Ein dichtender Kirchspielvogt

„Die Haide blüht. Das ist das Zeichen, daß der Sommer bald muss dem Herbste weichen", sinnierte Detlev von Liliencron (1844–1909) in seinem Werk „Der Haidegänger". Er meinte wohl die Heide bei Störkathen, denn der bedeutende Lyriker und Prosaiker lebte zeitweise im nahen Kellinghusen, wo er zwei Jahre als Kirchspielvogt tätig war. Daran erinnert ein schmuckes Relief an der Hauswand seines einstigen Dienstsitzes in der Hauptstraße 31. Anschließend blieb er noch fünf Jahre als freier Dichter. Bei einem Spaziergang mitten durch die Störkathener Heide entdeckt man außerdem einen Gedenkstein, der an den berühmtesten Bürger Kellinghusens erinnert.

Liliencron-Haus
Hauptstraße 31
25548 Kellinghusen
www.stadtmarketing-kellinghusen.de

Unscheinbare Mauern beherbergten einen großen Dichter

52 Glücklich am Ende der Hafenmole

glücklich@strandgut
Am Hafen 53
25348 Glückstadt
www.gluecklichatstrandgut.de

Wer im Glückstädter Hafen bis zum Sperrwerk läuft, wo es für Fußgänger scheinbar nicht weiter geht, erspäht dann doch eine Treppe. Sie führt zum von der Stadtseite aus verborgenen „glücklich@strandgut", einem kleinen Paradies an der Mole. **Seit Frühjahr 2017 bietet hier ein Beach-Club mit Surferambiente vor der Hafenkulisse den schönsten Elbblick.** Metallbaumeister Swen von Lienen erfüllte sich den Traum zusammen mit seiner Frau Meike. Während er unten für den Bistrobetrieb mit gesundem, von Hand zubereitetem Essen zuständig ist, bietet sie in der oberen Etage Gesundheitsberatung und Yoga für ein glückliches Körpergefühl an.

Fast schon mediterran fühlt sich der Beach-Club am Ende des Hafens an

Per Schwarzbrotmotor über die Krückau

53

Hinein passen bis zu sieben Passagiere und der Fährmann, auch „Schwarzbrotmotor" genannt, denn er treibt den Kahn eigenhändig durch „Wriggen" mit einem Riemen an. Das aus Eichenholz gefertigte Boot ist die kleinste Fähre Deutschlands. Aber man kommt damit in Kronsnest über die Krückau. Sogar Fahrräder können mit hinein, für Pedalisten wurde an der Uferstation auch die Raststätte „Sööte Eck" eingerichtet. Außerdem gehört das Heimatmuseum „Stöpenkieker" dazu. **Mehr als 7.200 Personen jährlich nutzen bei einer Wanderung oder Radtour durch die Marsch diese einmalige Gelegenheit**, den Fluss auf traditionelle Weise zu überqueren.

www.faehre-krons nest.de

Gerade schläft die kleine Fähre. Das Schild verrät: Man kann sie rufen.

Süßwasserwatten mit Prielen

www.elbmarschenhaus.de

Von Schafen begleitet, geht es nordwestlich von Wedel auf Deichen an der Elbe entlang. Bald verästelt sich der Fluss in Seitenarmen, die saftiges Maschenland durchziehen. Hier, im Naturschutzgebiet Haseldorfer **konnte ein ursprünglicher Lebensraum mit großflächigen Süßwasserwatten, Prielen, Inseln und feuchten Uferzonen erhalten werden.** In Haseldorf informiert das Elbmarschenhaus über die Unterelbe und die Umgebung. Drinnen gibt es eine multimediale Ausstellung, im Außenbereich können Besucher unter anderem durch einen Weidentunnel schlüpfen und erfahren noch mehr über Uferzonen und andere regionaltypische Besonderheiten.

■ Das Außengelände des Elbmarschenhauses ist etwas für Entdecker …

Stockspringend dem Feind entronnen

55

Obwohl die Dithmarscher Bauern den dänischen Truppen zahlenmäßig deutlich unterlegen waren, besiegten sie die gefürchtete „Schwarze Garde" am 17. Februar 1500. Der Gegner hatte in der Schlacht bei Hemmingstedt die Tücken der Marschen unterschätzt: Große Flächen des Tieflands standen unter Wasser. Während die Ritter in ihren Rüstungen unbeweglicher waren, nutzten die geländekundigen Dithmarschener ihre Spieße kurzerhand als Klotstöcke und sprangen munter über die Hindernisse. **Auch heute hat man hier noch Spaß am Klotstockspringen, das an Stabhochspringen erinnert.** Besonders, wenn einige nicht über, sondern in den Graben fliegen.

www.geschichte-s-h.de

… und zeigt unter anderem auch einen echten Klotstock

56 Historisches Radeln am Deich

www.glueckstadt-tourismus.de/deichtoern
www.kollmar-faehrhaus.de

Wie eine „Stöpe" aussieht, ist in Kollmar zu erleben. Hier führt die so bezeichnete Durchfahrt im Deich in einen kleinen Hafen mit Fischimbiss, Restaurant und Elbstrand. Noch mehr über Küstenschutz erfährt man auf einer 20 Kilometer langen Rundroute für Radwanderer, die hier beginnt. **Historische und neue Deichlinien säumen große Teile davon; Schautafeln informieren über Hintergründe.** Zunächst immer am Wasser entlang, verläuft der Deichtörn ab Bielenberg landeinwärts, vorbei an zwei kleinen Teichen („Braken"). Durch die Marschenlandschaft geht es zurück nach Kollmar, wo eine Ausstellung in der „Dörpstuuv" über Sturmfluten informiert.

■ Hinter dem Deich sollte man die „Dörpstuuv" nicht übersehen

Knastessen auf der Schlossinsel

57

Nordöstlich von Elmshorn hatten im 12. und 13. Jahrhundert die Ritter von Barmstede das Sagen. Daran erinnert dort eine hübsche Schlossinsel. **Am von der Krückau gespeisten Rantzauer See lädt ein Gebäudensemble zum Verweilen ein.** Dazu gehören das Schlossgefängnis mit „Knastessen" im Restaurant, ein Künstleratelier, ein Heimatmuseum, eine Wassermühle und eine Remise, in der Andrea Marjanowic besondere Stücke fertigt. Die Keramikerin ist ab 2018 in der Feldstraße 9 zu finden – gar nicht weit vom grünen Rundweg, über eine rote und blaue Route mit dem See verbunden. Über den Krückauwanderweg kann man außerdem bis nach Elmshorn laufen.

Schlossinsel Rantzau
www.schlossgefaengnis.de
www.individuelle-keramik.dev

Es gefällt auch der Blick auf die Rantzauer Schlossinsel

58 Wachskunst im Wasserturm

Wasserturm Elmshorn
Jahnstraße
25335 Elmshorn
www.wasserturm-elmshorn.de

In einer baulich ansonsten unscheinbaren Umgebung ragt er heraus, aus Rotklinker mit glasierten Zierringen, Rundbogenfenstern und einem Relief unter dem mit Eisenfachwerk gestalteten Wassertank. **Der 1902 errichtete Wasserturm von Elmshorn ist zu besichtigen. Besucher können hier außerdem Kerzen ziehen.** Ilse Klein zog mit ihrer Werkstatt ein, um ihr Kunstgewerbe auch anderen näher zu bringen. Sie hatte in der Familienbildungsstätte der Stadt Kurse im Kerzenziehen gegeben, bis sie sich 2000 dazu entschloss, sich damit selbstständig zu machen. Auch Gruppenevents mit Verpflegung sind in dem Kerzenhaus mit Wachsbildnerei möglich.

■ Im Elmshorner Wasserturm verbirgt sich das Kerzenhaus

Emsiges Treiben hinter Glas

Sich über das Bienensterben zu mokieren, war eine Zeitlang ein „grüner Trend". Nun gerät es zumindest bei jenen wieder in den Hintergrund, die im Alltag wenig mit den Summtierchen zu tun haben. Doch die Bienen verschwinden immer noch, und damit auch die Blüten. Höchste Zeit also nach Moorege zu fahren, um Einblicke in die wertvolle Arbeit der Imker zu gewinnen. Besucher können auch dem emsigen Treiben eines Bienenvolkes hinter einer Glasscheibe zusehen und beim Betrachten alter Bienenwohnungen etwas über die Geschichte der Imkerei erfahren. **Die liebevoll gestaltete Ausstellung hat der Imkerverein Uetersen ins Leben gerufen.**

Imkerverein Uetersen
Klinkerstraße 82
25436 Moorrege
Tel: 0157 30960476
(Sebastian Rolke)
www.imkerverein-uetersen.de

Weitaus mehr als Waben ist in der Ausstellung zu besichtigen

60 Kultur im Domizil der Taumacher

Reepschlägerhaus
Schauenburgerstraße 4
22880 Wedel
Tel: 04103 85057
www.reepschlaegerhaus.de

Die Reeperbahn mitten in Hamburg kennt jeder, eher noch ein Geheimtipp ist das Reepschlägerhaus an der Stadtgrenze. Heute haben beide gemeinsam, dass auch Kulturveranstaltungen geboten werden – dort zwischen dem Bling-Bling des Nachtlebens, hier in ehrwürdigem Fachwerkambiente. Ursprünglich gehörte auch das Haus in Wedel zu einer Reeperbahn. Der Name leitet sich von der langen, geraden Bahn ab, die Taumacher und Seiler für ihr Handwerk benötigten. **In Wedel gehörten Louis und Carl Warncke dieser Zunft an, noch bis 1964 diente ihr Domizil der Reepschlägerei.** Heute trinkt man dort Tee, pflegt Austausch oder erfreut sich am barocken Garten.

Schon von außen ist das schmucke Fachwerkhaus etwas Besonderes

Waldspaziergang mit Wiehern

61

Von Wanderungen sind kleine Kinder oft eher weniger zu begeistern. Umso mehr leuchten die Augen bei der ganzen Familie im Wald bei Wedel. Bei einem Gasthaus bekommen verantwortungsbewusste Erwachsene eine Führleine samt Pony an die Hand. In den Sattel dürfen sich Mädchen und Jungs schwingen, wenn sie ungefähr zwischen 2 und 12 Jahren alt sind, auch je nach Größe und Körpergewicht. Die Allerkleinsten sitzen auf Zwergponys. **Gemeinsam geht es auf der ausgewiesenen Pony-Runde durch den grünen Klövensteen, wahlweise für eine halbe oder volle Stunde.** Die kleine Tour im Schritttempo ist ohne Reiterfahrung möglich.

Ponyhof-Waldschänke
Reiten:
www.ponyhof-waldschaenke.de
Gasthaus:
www.pony-waldschaenke.de

Die ausgewiesene Pony-Runde beginnt bei der Waldschänke

62 Versteckte Moore und Sandberge

Regionalpark Wedeler Au
www.wedel.de

Ursprünglich erstreckte sich ein mehr als 100 Kilometer langer Binnendünenzug nördlich der Elbe. Er reichte von Geesthacht über Blankenese bis zur Elbmündung und war von kleineren Mooren durchsetzt. Ein Teil davon ist da und dort noch vorhanden. Fernab des Meeres wellen sich Sandberge, wie man sie von der Küste kennt, inmitten von Kiefernwäldern – einer durch Aufforstung von Menschen gemachten Landschaft. Die größten Binnendünen Schleswig-Holsteins sind zwischen Appen, Holm und Wedel zu finden. Sie gehören zum Regionalpark Wedeler Au, genauso wie das Schnaakenmoor, in dem seltene Arten wie Sonnentau oder die Kreuzotter leben.

■ Zurück zur Natur nahe der Stadtgrenze: Im Schnaakenmoor

Campen, befreit von Waschbetonplatten

Wie gern möchte man am Flussufer sein Zelt aufschlagen, doch oft ist es nicht erlaubt. Bei der Parzellenstruktur vieler Campingplätze wiederum fehlt die Nähe zur Natur und zu anderen Menschen. So war es lange auch am Falkensteiner Ufer, bis Garip Yavuz kam. Er übernahm das Elbe-Camp, ließ „Lkw-Ladungen von Waschbetonplatten" wegräumen und bunte Schilder aufstellen, richtete auf Sandboden einen Kinderspielplatz und Mitmachzirkus ein. **Vergessen sind die befestigten Wege, nun fühlt es sich an wie direkt am Strand zu schlafen.** Trotzdem ist alles da, was man so braucht: neue sanitäre Einrichtungen, ein Biergarten, Fahrräder und Feuertonnen.

Elbecamp
Falkensteiner Ufer 101
22587 Hamburg
Tel: 040 812949
www.elbecamp.de

Vom Zeltplatz aus sind es nur wenige Schritte bis zum Elbstrand

64 Der optimistisch stimmende S-Bahnhof

www.bahnhofser
wachen.blogspot.de

www.daniela-
spitzar.de

Wer früher die S-Bahnstation Halstenbek betrat, konnte depressiv werden. Trist leitete die Unterführung hinein, Frust sprach aus gelangweilten Graffitis. Das musste sich ändern. **Die Künstlerin und Kulturmanagerin Daniela Spitzar brachte den Bahnhof zum Erwachen**, zusammen mit Kunstlehrerin Jutta Sass sowie rund 80 Schülerinnen und Schülern der Gemeinschaftsschule Halstenbek. Das preisgekrönte Ergebnis: Poppige Farben begleiteten zu den Gleisen, am Haupteingang begrüßt die Lichtinstallation „Erblühen". Kunst zum Thema Wachstum stimmt optimistisch. Oben laden bemalte Chillsteine und Blumen an Wetterschutzhäuschen zum Warten ein.

■ Auch Goethe und Philipp Otto Runge bezog die Künstlerin mit ein

Ein besonders erlebnisreiches Waldgebiet

Ein wenig seltsam klingt es schon: Erlebniswald. Ja, kann man denn in anderen Wäldern etwa nichts erleben? **Vor Ort wird jeder eines Besseren belehrt, denn dieses Waldgebiet bei Neumünster ist anders.** Es gibt hier zum Beispiel einen Waldgeheimnispfad, eine „Erdfresserfabrik", eine WaldWasser-Welt zum Dämmebauen und einen Schmetterlingsgarten. Im Waldhaus informiert eine interaktive Ausstellung, und wer es abenteuerlicher möchte, begibt sich in den Hochseilgarten oder rutscht an einem 300 Meter langen Seil vom 30 Meter hohen TeamTower hinunter. Auch Aktionen wie ein Holzfällerlager oder eine Morgenpirsch werden angeboten.

Erlebniswald Trappenkamp
www.forst-sh.de

Das besondere Waldgebiet birgt viele Überraschungen

66 Die Badestelle des Biene-Maja-Autors

Bredenbeker Teich
www.camping-bre
denbeker-teich.de

Bei Ahrensburg versteckt sich, am Ende einer holperigen Dorfstraße, zwischen Weiden und Wald ein Badejuwel. **Der Bredenbeker Teich ist genau genommen ein See und auch viel größer, als sein Name vermuten lässt.** Im Ufergrün überrascht ein Strandbad mit Imbiss, Campingplatz und FKK-Bereich. Als Kind soll der Autor Waldemar Bonsels (1880–1952) an diesem See gespielt und Insekten beobachtet haben. Er wurde in Ahrensburg geboren und durch sein Buch „Die Biene Maja und ihre Abenteuer" berühmt. Die hügelige Umgebung offenbart auch einiges: Der Volksdorfer Rundwanderweg führt vorbei, durch dichte Alleen und am Bocksberg entlang.

■ Ganz hinten versteckt sich ein Seebereich für Freikörperkultur

Plantschen und Plätschern am Ostende

67

Auch innerhalb der Stadt gibt es Besonderheiten, die Bewohner anderer Quartiere gar nicht kennen. So fährt beispielsweise selten nach Wandsbek („Was soll ich denn da?"), wer aus Altona oder Winterhude kommt. **Es kann sich als Fehler erweisen, denn so ein nettes Naturfreibad wie im Stadtteil Tonndorf wird dabei übersehen.** Viele ahnen auch nicht, dass der Name des Bezirks sich vom Fluss Wandse ableitet, der hier vorbeiplätschert. Er mündet in die Alster und heißt auf dem letzten Abschnitt auch Eilbek(-kanal). Das bedeutet wiederum „Bach der Blutegel" (Ihlen), diese wurden hier noch im späten 19. Jahrhunderts für medizinische Zwecke gefangen.

Freibad Ostende
www.freibad-ost
ende.de

Naturnah baden, das geht auch am Hamburger Stadtrand

68 Historisch filtriertes Elbwasser

Wasserkunst Elbinsel Kaltehofe
www.wasserkunst-hamburg.de

Auf einer Insel zwischen Norderelbe und Billwerder Bucht stehen ungewöhnliche Backsteingebäude, klein, rund, mit spitzen Dächern. Es sind Schieberhäuschen aus wilhelminischer Zeit, sie dienten dazu, den Zu- und Abfluss des Elbwassers zu regulieren. **Sie stehen an den historischen Wasserbecken einer ehemaligen Wasser-Filtrationsanlage**, die der Hamburger Senat auf Kaltehofe zu Zeiten der Cholera-Epidemie 1892 errichten ließ. Heute ist es ein Industriedenkmal, zu dem auch eine Ausstellung gehört. So bietet sich auch die Gelegenheit, durch zwei Jahrhunderte Geschichte der Hamburger Brunnen und Wasserspiele zu spazieren.

■ Schon der Anblick der Schieberhäuschen lohnt den Ausflug

Die Binnendüne beim Baggersee

69

Wer am Hamburger Stadtrand Dünensand wie an der Nordsee unter den Füßen spüren möchte, fährt nach Lohbrügge im Bezirk Bergedorf. Im Naturschutzgebiet Boberger Niederung schlummert eine der letzten hiesigen Binnendünen. **Auf ihr und in der zugehörigen Heide leben Stierkäfer und Eidechsen; am Geesthang blühen verschiedene Orchideenarten.** In der Moor- und Marschlandschaft mit ihren Gräben und Tümpeln sind abends Froschkonzerte zu hören. Vier ausgeschilderte Wanderwege leiten durch das Gelände. Mehr erfährt man im Boberger Dünenhaus, und wer sich erfrischen möchte, springt in den von Grundwasser gespeisten Boberger Baggersee.

NSG Boberger Niederung
www.loki-schmidt-stiftung.de

Hier geht es zwar nicht zum Meer, aber durch genauso schöne Dünen

70 Kuddels schwimmendes Erbe

www.faehre-zollenspieker.de

Sie verbindet Hamburg (Kirchwerder) und Niedersachsen (Hoopte) und ist die letzte ihrer Art im Stadtbereich, die auch Autos mitnimmt. Die „Hoopter Möwe 2" ist das Erbe von „Kuddel" Karl Heinz Büchel, er steuerte sie, bis ihn der schwarze Wagen abholte. Da war er 75 Jahre alt. **Er hatte viel erlebt während der Jahrzehnte, in denen er rund 70-mal täglich schräg über die Elbe fuhr.** Einmal waren gepanzerte Limousinen an Bord, Helmut und Loki Schmidt stiegen aus. Loki suchte die seltene Schachbrettblume, die in den Elbmarschen blühen sollte, erfuhr Kuddel, den viele vermissen. Seine Erlebnisreederei samt Fähre und Imbissen lebt weiter.

■ Kurs auf Hamburg – und wieder zurück nach Niedersachsen

Auf Wurzelpfaden zur Wassermühle

71

Beim Sachsenwald gibt es auch unbekanntere Wurzelpfade. Einer führt ab Aumühle durch das Billetal zur Grander Mühle in Kuddewörde. Das Tal beginnt bereits beim Reinbeker Mühlenteich, in den das Flüsschen mündet. Bei der rund elf Kilometer langen Wanderung zeigt sich eine abwechslungsreiche Waldlandschaft, mit Glück auch der Eisvogel oder die Gebirgsstelze. **Am Ende erwartet einen die die älteste Korn-Wassermühle Norddeutschlands. Sie wurde 1345 erstmals urkundlich erwähnt** und lädt heute zur italienischen Einkehr ein. Wer möchte, kann hier auch übernachten und einen Sundowner auf einem der Liegestühle am Flussufer genießen.

www.grandermuehle.de

Geblieben ist das alte Mühlenrad, vergleichsweise neu das Restaurant

72 Eine fürstliche Unterführung

Bahnhof Friedrichsruh
Am Bahnhof
21521 Aumühle

In Friedrichsruh trennen Gleise das Bismarck-Museum und das Mausoleum, in dem der „eiserne Kanzler" die letzte Ruhe fand. Quicklebendig ist Fürstin Elisabeth von Bismarck, Gattin seines Urenkels Ferdinand. Sie schwang eigenhändig den Pinsel in dem Betontunnel, der die Stätten verbindet. **Acht Tage lang bemalte die Fürstin die Unterführung mit einem grünen Zaun, darüber ein blauer Himmel**, der umso größer wird, je tiefer man kommt. Schon bald darauf „zierten" Graffiti das Kunstwerk. Also malte sie noch einmal und stellte ein Schild auf. Es berichtet davon, wie Frau von Bismarck sich bemühte, damit Schönheit alle, auch die Sprayer, glücklich machen kann.

■ Blauer Himmel und weiße Wölkchen begleiten durch die Unterführung

Doppelstockbeiwagen Nr. 56

73

Wer schon immer einen Wagenkasten eines dreiachsigen preußischen Abteilwagens 3. Klasse nach Musterblatt I18 sehen wollte, begibt sich in Aumühle an etwas versteckt im Wald liegende Bahngleise. Dort steht einer, wohl 1892 in Betrieb genommen und 1924 zur 4. Klasse herabgestuft, im Lokschuppen des ehemaligen Bahnbetriebswerks. Eindrucksvoll ist auch der Doppelstockbeiwagen Nr. 56 der Kleinbahn Altrahlstedt–Volksdorf–Wohldorf. Oder der Wechselstrom-S-Bahnzug 1624 mit der Ausstellung zur Hamburger Straßenbahn. Auf der Feldbahnanlage im Außenbereich des Museums gibt es auch einiges zu sehen.

Lokschuppen Aumühle
Am Mühlenteich
21521 Aumühle
Tel: 04104 1791
www.vvm-museumsbahn.de

Die Zeitreise ist auch spannend für Lok-Laien und andere Ahnungslose

Hautkur bei märchenhaften Libellen

Sachsenwaldbad
Am Tonteich 35
21521 Wohltorf
Tel: 04104 2893
www.tonteichbad.de

Nach einem Werksbrand im Jahr 1911 füllte sich die Ziegeleigrube des Friedrichsruher Tonwerkes mit Regenwasser. Vierzig Jahre später errichtete man am Ufer eine erste öffentliche Badeanstalt. So kam die Gemeinde Wohltorf zu ihrem Tonteich. Das klare Wasser hat einen niedrigen pH-Wert und ist in seiner gesundheitsfördernden Wirkung mit essigsaurer Tonerde vergleichbar. Nach einer 2014/15 durchgeführten Entschlammung hat es wieder beste Qualität. **Nostalgisch mutet immer noch das Freibad mit seiner hölzernen Sprunganlage an.** Besonders ist auch der Blick über das Schilf mit Riesenlibellen wie im Märchen und einem Waldrand, der tiefste Ruhe verströmt.

■ Ein Freibad, in dem man auch zur Ruhe kommen kann

Scheune für herbstliches Gruseln

Bevor im Herbst die großen Früchte zu grinsen beginnen, räumt Bauer Ohle in Schwarzenbek die Maschinen aus seiner Scheune. Mit Zierschmuck, Kürbissen aus eigenem Anbau und gemütlichen Sitzecken verwandelt sie sich in ein Schauen-Staunen-Mitmach-Café. **Bis zu 120 Kürbissorten in verschiedensten Formen und Farben, viele eigens für Halloween gezüchtet**, erwarten die Besucher. Wer nun Lust auf Schnitzen bekommt, erhält Messer und eine Anleitung. Man kann sich aber auch einfach an Kürbisbutterkuchen, Kürbis-Schoko-Muffins oder süßem Kürbisbrot selig futtern und dabei in Zeitschriften mit Rezepten oder Basteltipps blättern.

Kürbisscheune Worth
www.kürbis-scheune.de

Gesellen wie diese entstehen in der Kürbisscheune

76 Ganzheitliche Gutshofsidylle

www.kutscherscheune.de

Vor mehr als 300 Jahren führte Hieronymus von Witzendorff für Groß Zecher den Fideikommiß ein. Damit wurde Grundbesitz gesetzlich unteilbar. Heute profitieren Gäste von einem in seiner ursprünglichen Gesamtheit erhaltenen Anwesen. Ein weitläufiges Gelände zum Herumtollen oder wohligem Aufseufzen, mit eigenem Boots- und Badesteg, Ferienwohnungen und -zimmern. **Im Café-Restaurant „Zur Kutscherscheune" genießt man selbstgebackene Torten oder regionale Wild- und Fischgerichte** bei idyllischstem Seeblick. Seit 1994 bewirtschaftet Landwirtin Hannelore von Witzendorff den Gutshof am Schaalsee. Er gehört der Patrizierfamilie bereits seit 1691.

■ Das im klassizistischen Stil wiedererrichtete Herrenhaus

Fischklopse mit Barsch und Hecht

77

Frikadelle sagt man hier nicht. Um also Fischklopse mit Zutaten aus dem Schaalsee zu probieren, begibt man sich nach Zarrentin. Dort steht am Ufer eine reetgedeckte Holzhütte, am Steg schaukeln drei kleine Ruderboote. Gegenüber schlichte Tische und Stühle, vor dem Eingang zur Verkaufstheke hängt eine ausgediente Reuse. Ein Platz, bei dem feststeht: Hier ist der Fisch wirklich frisch. **Bei der Schaalseefischerei holt man schon seit Jahrzehnten täglich die Netze ein.** Je nach Saison sind zum Beispiel Forelle, Saibling, Lachsforelle, Zug- und Edelmaräne oder Karpfen zu bekommen. „Kleine Maräne" heißt die eigene Ferienwohnung mit Seeblick, die Gäste buchen können.

www.schaalsee-fischerei.de

Am besten schmeckt es gleich vor der Tür, mit Blick auf den See

78 Per Draisine zur Gleisbauersuite

Erlebnisbahn Ratzeburg
www.erlebnisbahn-ratzeburg.de

Jeder sollte auch einmal in einem schwebenden Koffer oder explodierten Zug übernachten, das erweitert den Horizont ungemein. Wer es konservativer angehen möchte, bucht sich im Mit Opa-Schlafwagen oder einer Gleisbauersuite ein. Frisch ausgeruht, geht es per Draisine zum Ratzeburger See, wo man zum Beispiel auf ein Hydrobike umsteigen kann. Spaßig ist auch eine Fahrt zu fünft auf dem Konferenzfahrrad. Diese und andere ungewöhnliche Gefährte gibt es auf dem stillgelegten Bahnhof Schmilau und dem benachbarten Abenteuerbahnhof Hollenbek sowie auf dem Wasser vor Ratzeburg. Hartgesottene machen die „3-Muskel-Tour" mit.

■ Auf diesem Fahrrad ließe sich durchaus eine Konferenz abhalten

Kreisrunde Kanalregulierung

79

Die große Elbschleuse im nahen Geesthacht zieht so die Blicke auf sich, das Kleinod am östlichen Ortsrand von Lauenburg oftmals übersehen wird. **Dabei ist hier, wo die Stecknitz in den Elbe-Lübeck-Kanal mündet, doch eine der letzten noch erhaltenen**, ersten Kammerschleusen Europas zu entdecken. Im Mittelalter war die Elbe über den Stecknitz-Delvenau-Kanal mit Lübeck verbunden und die kreisrunde Palmschleuse ein Teil des Systems. Sie wurde 1398 komplett aus Holz gefertigt, 1724 erneuert. Für den Bau des weltweit ersten Wasserscheide-Kanals musste ein zehn Kilometer breiter, eiszeitlicher Höhenrücken überwunden werden.

Palmschleuse
www.herzogtum-lauenburg.de

Chinesisches Spezialitäten Restaurant Shun Lam
Bei der Palmschleuse 6
21481 Lauenburg/Elbe
Tel.: 04153 3856
www.shun-lam.de

Die Restaurantterrasse (rechts) bietet einen Blick auf die Schleuse

Vielfalt keramischer Wandverkleidungen

Erstes Deutsches Fliesenmuseum Boizenburg e.V.
www.jugendstil fliesen-museum.de
www.boizenburg.de

An manchen Feuerwehrwachen ist ein gemaltes Bild des Heiligen Florian zu sehen, den man einst als Schutzpatron gegen Feuer und Dürre anrief. In Boizenburg zeigt das Gebäude der freiwilligen Brandschützer ihn als kunstvolle Glasurmalerei auf Steinzeugfliesen des Baukeramikers Lothar Scholz. **Auch anderenorts sind die schmucken Wandverkleidungen in dem Städtchen an der Elbe präsent.** Im historischen Zentrum widmet sich ihnen sogar ein wohl einmaliges Museum. Ausgestellt sind vor allem Fliesen aus den Epochen Historismus, Jugendstil und Art déco. Besucher erfahren außerdem allerlei Hintergründiges rund um das Keramikprodukt.

■ Schon die Fassade des Museums veranschaulicht, worum es hier geht

Militärisches Fünfeck

Museum Festung Dömitz
www.festung-doemitz-museum.de

Wie mit einer riesigen Form ausgestochen liegt es in der Auenlandschaft. Ein geradliniges Fünfeck, an dessen Ecken Vierecke hängen und wie Pfeile in alle Richtungen zeigen. **Sie heißen Kavalier, Held, Drache, Greif und Burg, es sind die fünf Bastionen der Zitadelle.** In Dömitz am Elbufer ist eine Festungsanlage zu sehen, wie sie Carcassonne-Spieler nur erträumen können. Errichtet wurde sie ab 1559 durch den mecklenburgischen Herzog Johann Albrecht I., um die Südwestgrenze Mecklenburgs und die Elbübergänge zu sichern. Mehrfach verändert, konnte sie als eine der letzten norddeutschen Flachlandfestungen des 16. Jahrhunderts erhalten werden.

Vollkommen ist auch der Zugang zur Festung Dömitz

Sesshaft gewordene Riesendüne

www.doemitz.de

Wer sich in den Dömitzer Ortsteil Klein Schmölen begibt, erspäht eine bis zu 30 Meter hohe Binnendüne. **Das landschaftliche Highlight gehört zum Biosphärenreservat Flusslandschaft Elbe-Mecklenburg-Vorpommern** und ist auf einem Rundwanderweg zu erkunden. Die Düne ist auch selbst gern mal gewandert, bis überwachsende Vegetation sie davon überzeugte, an diesem Platz zu bleiben. Sie ist heute rund zwei Kilometer lang und 600 Meter breit. Ihr höchster Punkt, 42 Meter über Normalnull, eröffnet grandiose Aussichten auf die Löcknitzniederung, die Weiten der Lenzener Wische und das niedersächsische Wendland am anderen Elbufer.

■ Diesem Wanderpfad zu folgen, erweist sich als großartige Idee

Camping-Lockruf vor Hamburg

83

Es gibt Leute, die eigentlich mit dem Wohnmobil nach Hamburg fahren wollten und es sich kurz vor der Stadtgrenze anders überlegen. Der Grund: Sie haben die Campingplätze von Stove entdeckt. „Ok, hier können wir ja wunderbar übernachten und dann mal ins Zentrum fahren", überlegt man sich es zunächst. Doch es kommt anders. **So schön ist es hier am Elbstrand, dass die Metropole schnell vergessen ist.** Beim Fünf-Sterne-Platz Stover Strand gibt es auch Stell- und Zeltareale direkt am Flussufer. Im Hausboot-Restaurant „Unsinkbar" genießt man Cocktails und exklusive Küche. Wer trotzdem noch nach Hamburg möchte, kann einen Shuttle-Service nutzen.

www.camping-stover-strand.de

In Stove laden Strand und Elbdeich zu langen Spaziergängen ein

84 Tausche Paddel gegen Pedale

www.kanustation-gartow.de
www.gartow-erleben.de
www.deutsche-storchenstrasse.de

Die Entscheidung fällt schon schwer: Soll man nun am herrlichen Elbufer entlang radeln oder dem Fluss lieber auf dem Wasser folgen? Rund um Gartow braucht keiner sie zu fällen. Es geht einfach per Pedale hin und paddelnd zurück. Möglich macht es die ansässige Kanustation. **Das Team nimmt die Fahrräder am Elbufer entgegen, dafür gibt es ein ausgerüstetes Boot für eine beliebige Strecke.** Am Ende wird dann wieder getauscht. Gartow selbst mit seinem Badesee ist auch einen Ausflug wert. Um das Gewässer führt ein 2,6 Kilometer langer Biberlehrpfad. Das Städtchen liegt außerdem an der Deutschen Storchenstraße.

■ Der Elberadweg ist schön, doch auch ein Umsteigen lohnt sich allemal

Gesamtkunstwerk im Grünen

Aus herangezoomter Satellitenperspektive ist in der nördlichen Lüneburger Heide ein großes, tannengrünes Omega zu erkennen. **Wer neugierig hinfährt, kann es durchschreiten und gelangt in einen Tempel des Expressionismus.** Verborgen im Wald, hat das Künstlerpaar Johann Michael (1874–1950) und Jutta Bossard-Krull (1903–1996) seinen Traum von der Einheit von Leben und Kunst verwirklicht. Es schuf ein Gesamtkunstwerk aus Architektur, Bildhauerei, Malerei, Kunstgewerbe und Gartenkunst. Noch wird es wenig beachtet. Michael Bossard aber wusste: „Die Meinen werden mich schon finden". In Kennerkreisen ist längst bekannt.

Kunststätte Bossard
www.bossard.de

Schon das Äußere verleitet zum Staunen, das Innere umso mehr

86 Fisch-Spa und Freifußgefühle

Fußparadies
www.fussparadies.com

Barfußpark Egestorf
www.barfusspark-egestorf.de

Sie sind bis zu acht Zentimeter groß und verstehen sich perfekt auf Pediküre. **Genüsslich knabbernd, entfernen die zur Familie der Karpfen gehörenden Saugbarben lästige Hornhaut, während der zugehörige Mensch sich wohlig zurücklehnt.** Wer obendrein seine Lebensenergie Chi aktivieren möchte, nimmt die zusätzlich angebotene thailändische Fuß-Massage auch noch mit. „Sie gehen wie auf Wolken nach Hause", verspricht Geschäftsführerin Kitty Wilaiphan Lauenstein. Für höchste Freifußgefühle verbindet man es mit einem Besuch im Barfußpark Egestorf, denn das Fisch-Spa befindet sich gleich nebenan.

■ Höchster Fußgenuss im Barfußpark Egestorf

Abrocken mit Komfort-Camping

87

„Eigentlich müsste man es mal wieder tun", seufzgrübelt der Mittvierziger. „Also nee, im Schlamm schlafen, die Zeiten sind vorbei", kontert die inzwischen doch Geheiratete. „Wir wollen aber auch mit!", heulen die pubertierenden Ergebnisse dieser Entscheidung. Weil es vielen so geht, gibt es endlich eine Lösung: **In der Heidelandschaft bei Westergellersen steigt mit „A Summer's Tale" jährlich ein Open-Air-Festival für alle**, die inzwischen (fast) nur noch Bio essen, wieder mehr lesen, nicht mehr kiffen und trotzdem irgendwie noch so sind wie früher. Wahlweise geht Komfort-Camping oder die Schlamm-Methode. Eigentlich war die ja doch ziemlich toll.

www.asummerstale.dev

Für das Natur-pur-Festival wurde die passende Location gefunden

Aus dem Euter in die Eistüte

Bauernhofeis
Am Waldbad 10
21376 Salzhausen
Tel: 04172 961435
www.hof-luebber
stedt.de

Ein leckeres Eis essen, während die Kühe einen freundlich angucken, die dafür ihre Milch gaben. Das ist kein Bilderbuch-Kitsch, sondern Realität im niedersächsischen Salzhausen. Die Idee wurde aus der Not geboren: Wie viele Landwirte musste auch Familie Lübberstedt aufgrund sinkender Milchpreise um ihre Existenz fürchten. Nun ist sie mit ihrem Verkaufswagen unterwegs, an dem man Bauernhofeis mit frischen Früchten bekommt, und beliefert auch Restaurants, Cafés oder andere Läden. Alle, die an Sommerwochenenden (Fr–So) beim Hof vorbeikommen, können sich mit ihrer Eiswaffel auch in den Garten setzen. Dann grasen die Kühe gleich nebenan.

Der Eiswagen von Familie Lübberstedt beim „A Summer's Tale"-Festival

Mal Kapitän in Grünendeich sein

Auf die Elbe schauen, wo die großen Pötte vorbeiziehen und dabei selbst mal das „Ruder hart backbord" legen oder am Kartenbrett den Kurs nachrechnen – das können Gäste in Grünendeich zwischen Jork und Stade. **Fachkundige Anleitung geben dabei echte Kapitäne, die selbst Ozeanriesen steuern.** Sie führen im Haus der Maritimen Landschaft Unterelbe über eine Kapitänsbrücke, ausgestattet mit verschiedenen nautischen Geräte, wie sie an Bord von kleinen und großen Schiffen zu finden waren oder in der ehemaligen Seefahrtschule eingesetzt wurden. Zum Haus gehören auch die Dauerausstellung „Meer erleben an der Elbe" und ein Planetarium.

Haus der Maritimen Landschaft Unterelbe
www.maritime-elbe.de

Der weiß, wie es geht: Echte Kapitäne erklären Gästen die Brücke

Maritimes im erloschenen Leuchtturm

Leuchtturmmuseum Twielenfleth
Tel: 04141 76814
www.tourismus-altesland.de

Bei den großen Obstplantagen mischt sich die Ahnung einer Meeresbrise in die Landluft. Leuchttürme verstärken die maritimen Gefühle. Ein schwarz-weiß geringelter steht am Deich in Hollern-Twielenfleth. **Doch dahinter versteckt sich sein kleiner, weißer Vorgänger, der über 100 Jahre lang den Schiffen den Weg wies.** Sein Feuer erlosch im Oktober 1984. Im Inneren aber ist er noch lebendig: Eine Ausstellung zeigt, wie sich die Schifffahrt im Laufe der Jahrzehnte veränderte, außerdem Seekarten, Fotos und Gegenstände aus vergangenen Seefahrtszeiten. Von der Aussichtsplattform bietet sich ein schöner Blick über die Elbe.

■ Hinter diesem aktiven Leuchtturm versteckt sich sein Vorgänger

Doppelzimmer plus Tragikomödie

In guten Hotels darf man einiges oder auch mehr erwarten. Je nach Zahl der Sterne zumindest Duschgel und Shampoo und Fernseher. Vielleicht auch eine Mini-Bar, ein Restaurant oder sogar einen Wellnessbereich. Ein komplettes Kino hingegen ist selten mit dabei. Es sei denn, man fährt nach Haselfeld. **Dort gehören historische Lichtspiele zum Haus, mit modernster Technik und preisgekrönter Filmauswahl.** Zwar braucht man kein Hotelgast zu sein, um sie zu besuchen, doch es hat schon etwas, nur ein paar Stufen weiter gleich ins Bett fallen zu können. Alle, die unter sich sein möchten, können auch gleich das ganze Kino mieten.

Kino-Hotel Meyer
Harsefelder Lichtspiele
www.kino-hotel.de

Ein Hotel für Cineasten: Die Haselfelder Lichtspiele gehören dazu

92 Stadensien im Baumhaus

Baumhaus-Museum
Wasser Ost 28
21682 Stade
Tel: 04141 45434
www.stade-tourismus.de

In Stade meint der Begriff „Baumhaus" keineswegs eine Hütte, die eifrige Papis in eine Buchenkrone zimmerten. **Hier handelte es sich vielmehr um die Amtsstube des Hafenaufsehers. Denn der nutzte einen Baumstamm**, um die Zufahrt in den Hansehafen am Fischmarkt zu öffnen oder schließen. Das Prinzip ist auch als „Schlagbaum" bei Schranken bekannt. In Stades Baumhaus befindet sich heute das Museum von Hans-Jürgen Berg. Er wohnt im Obergeschoss und richtete in unteren Etage die Sammlung „Alt Stade" ein. Sie ist im Sommer an den Wochenenden und im Winter an Sonntagen nachmittags geöffnet. Der Eintritt ist frei.

Auch wenn viele sich ein Baumhaus anders vorstellen – dies ist eins

Nostalgisch durch das Teufelsmoor

93

Dem Namen nach ist es ein Eilzug, doch von einem ICE ist er mehr als weit entfernt. Das Tempo war noch ein anderes, als Torfkähne es bestimmten und erste Güterzüge Torf in die Städte brachten. „Moorexpress" hießen Züge, die von Bremervörde durch das Teufelsmoor bis nach Worpswede oder Osterholz-Scharmbeck fuhren. Die Bahnlinie durch das Land zwischen Elbe und Weser entstand ab 1909. **Die Züge verkehren noch immer, heute sogar von Stade bis Bremen, und nehmen auch Fahrräder mit.** Wer die kultigen Waggons lieber von außen betrachten möchte, folgt den Gleisen parallel auf dem Radwanderweg „Vom Teufelsmoor zum Wattenmeer".

www.kulturland-teufelsmoor.de

Der Moorexpress ist ein Hingucker, eine Fahrt sogar noch schöner

Alte Elbfestung mit neuer Kleinbahn

Festung Grauerort
www.grauerort.com

Am nördlichen Rand von Stade, wo man weit und breit nur noch Deich und Dörfchen zu sehen glaubt, kann es passieren, dass einen plötzlich „Der Ziegelblitz" trifft. Winzige Waggons rattern über schmale Gleise an einer Mauer entlang. Sie gehört zur Festung Grauerort im Ortsteil Abbenfleth, mit der neuen Kleinbahn können Besucher über das Gelände fahren. **Die Festung wurde ab 1869 durch die Preußen errichtet, zum Schutz vor feindlichen Schiffen auf der Elbe.** Als vorteilhaft erwies sich ihre Lage in der hohen Altmarsch mit kurzem Weg in den schützenden Hamburger Hafen. Heute ist sie ein Museum und Schauplatz von Kulturveranstaltungen.

■ Die Kleinbahn fährt um die Festung und über das Gelände

Häuser auf Wurten und Sandstrand

95

Auf Karten wirkt es so, als gehöre sie zum Festland, doch etliche Gräben und Priele trennen sie davon. Daher ist Krautsand eine große Elbinsel und nur über zwei Brücken zu erreichen. Ihre ab 1620 errichteten Häuser stehen auf Erdhügeln, ähnlich wie bei den Warften der Nordseehalligen – nur heißen sie hier in Niedersachsen „Wurten". Sie schützen die Bewohner vor Sturmfluten, bevor Krautsand 1976 ihren Deich erhielt. **Ein Sandstrand mit angrenzenden Wattflächen säumt die Elbinsel auf einer Länge von mehr als sieben Kilometern.** Klar, dass sie heute ein beliebtes Ausflugsziel mit Ferienwohnungen und Campingplatz ist.

www.elbinsel-krautsand.de
www.krautsand.org

Am Elbstrand von Krautsand ist die nahe Nordsee schon zu erahnen

96 Museale Entdeckung in Wischhafen

Kehdinger Küsten-schiffahrts-Museum
www.kuestenschiffahrtsmuseum.de

„Zwei Stunden Wartezeit vor der Elbfähre Glückstadt-Wischhafen …" Durch Meldungen wie diese kennen alle Radiohörer im Großraum Hamburg die Gemeinde am südlichen Elbufer. Was aber verbirgt sich eigentlich da drüben, in diesem ominösen Wischhafen? Gibt es da außer einer Fährstation überhaupt noch etwas? Die Antwort: **Klar, zum Beispiel das Kehdinger Küstenschiffahrts-Museum, das unter anderem auch über die Flussfischerei informiert.** Das Kehdinger Land erstreckt sich nördlich von Wischhafen. Es ist äußerst vielfältig mit seinem Hochmoor, den Apfelplantagen und Elbmarschen, in denen Hunderttausende nordischer Zugvögel rasten.

■ Da lohnt sich doch ein Schlenker auf dem Weg zur Elbfähre

Schwebefähre ohne Eiffel

97

Alexandre Gustave Eiffel und seinen Turm kennt man. Ein Schüler des französischen Ingenieurs soll Louis Pinette gewesen sein und die Schwebefähre Osten-Hemmoor konstruiert haben. So verbreitete es sich munter im Internet, bisweilen war gar die Rede davon, Eiffel selbst habe seine Finger mit im Spiel gehabt. Inzwischen jedoch wälzte man sich nochmal genauer durch die Archive. **Denn zum 100-jährigen Bestehen des Baudenkmals soll die Geschichte der Fähre schon stimmen.** Demnach ist die bisherige Version „Nonsens", wie die zuständige Fördergesellschaft verkündet. Ein Trost bleibt: Die Schwebefähre ist trotzdem gut gelungen.

www.schwebefaehre-osten.de

Mit Fantasie ist durchaus Ähnlichkeit zum Pariser Turm erkennbar

98 Naturverständnis an der Elbmündung

Natureum Niederelbe
www.natureum-niederelbe.de

Watten, Grünland und Deiche prägen das Urstromland der Elbe. **Auf einer Halbinsel zwischen Oste und einem Altarm können Interessierte noch mehr darüber erfahren.** Nahe dem Sperrwerk befindet sich das Natureum Niederelbe, eine Informationswelt zur Natur an der Küste und speziell an der Elbbmündung. Zum Gelände gehören ein Museum, der Elbe-Küstenpark, der KüstenZoo und eine Vogelbeobachtungsstation. Wie eine Sturmflut zustande kommt, ist in einer Wetterstation zu erleben. Seit 2014 werden am Eingang der Küsten-Welle alle vom Skelett eines 1997 vor Cuxhaven gestrandeten Pottwals begrüßt.

■ Relikt eines Küstenfundes: Das Pottwal-Skelett begrüßt Ankömmlinge

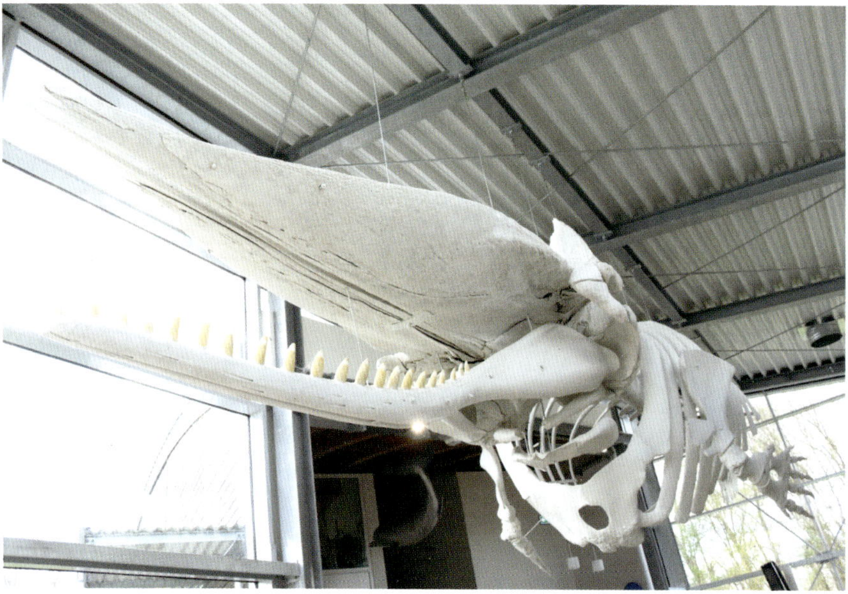

Tränen Erzeugendes in Cuxhaven

Wer zum Schluss noch einmal romantisch werden möchte, hält in Cuxhaven inne. **Dort gibt es außer schönen Stränden auch Plätze, die zum Seufzen anregen.** Der „Kai der Sehnsucht" erinnert an jene Zeiten, in denen Tausende von Menschen voller Hoffnung in die Neue Welt aufbrachen. Allein 1900 verabschiedeten sich mehr als 65.000 Auswanderer an diesem Platz, der auch „Kai der Tränen" genannt wird. „Letzte Ecke vor Amerika" heißt eine hölzerne Kugelbake. Wenn die Augen nun immer noch nicht feucht sind, geht es zur „Alten Liebe", dem schon seit 1733 bestehenden Schiffsanleger. Und nicht vergessen: In jedem Abschied liegt auch ein neuer Anfang.

An den Kais vermengt sich Nostalgie mit modernem Hafenbetrieb

Christine Lendt hat sich als Journalistin und Autorin unter anderem auf Publikationen zu diversen Reisethemen spezialisiert. Im Mitteldeutschen Verlag erschienen bereits einige Stadtführer der Wahlhamburgerin – so zuletzt die Bände „Flensburg" (2014) und „Kiel" (2015).

Der Verlag und die Autorin freuen sich über Ihre Hinweise:
info@mitteldeutscherverlag.de

Haftungsausschluss
Die Angaben in diesem Reiseführer wurden gewissenhaft überprüft. Für Aktualität, Korrektheit und Vollständigkeit übernimmt die Autorin keine Haftung. Die Autorin distanziert sich aus rechtlichen Gründen von allen Inhalten der aufgeführten Internetseiten. Auf aktuelle und zukünftige Gestaltung, die Inhalte oder Urheberschaft der angeführten Internetseiten hat die Autorin keinen Einfluss.

Fotografien: Christine Lendt, außer S. 11, 14: Frank Schwichtenberg; S. 18, 19: Tourismusverein Altes Land e.V.; S. 27, 84: Archiv Verein Naturschutzpark; S. 30 o.: Museum Kellinghusen; S. 48 o.: Bernd Sterzl – pixelio.de; S. 48 u.: Textundblog; S. 50 o.: Karl-May-Spiele Bad Segeberg; S. 50 u.: Noctalis-Archiv; S. 64: Thomas Wolf – foto-tw.de; S. 73 o.: Uwe Franzen; S. 73 u.: Ulrike Sindermann; S. 79 o.: Torsten Bätge; S. 79 u.: Hermann Junghans; S. 86: Heide Park Resort; S. 88: inspektour GmbH; S. 90: FMLK; S. 92 o.: Loki Schmidt Stiftung; S. 92 u.: TraceyR; S. 96 o., 150: Diana Asbeck; S. 96 u.: Tim Kahl; S. 98, 149, 152: Martin Elsen; S. 101 o.: Ralf Roletschek; S. 101 u.: Hajotthu; S. 104: Freizeitbad Brunsbüttel GmbH; S. 105: wattolümpia.de; S. 106: Schiffe.shnetz.de; S. 107: Peter Sommer; S. 108: Nightflyer; S. 109: Ringhotel Bokel-Mühle am See; S. 111: Stadt Kellinghusen; S. 119: Bienenmuseum Moorege; S. 123: Maximilian Fischer von Mollard; S. 124: Daniela Spitzar; S. 129: NordNordWest; S. 135: 327485 Juicy – pixelio.de; S. 141: Oberlausitzerin64; S. 142: Christian Pagenkopf; S. 143: Ingo Lattermann; S. 144: Alexander Neureuther; S. 145: Michael Chmella; S. 146: Karsten Eichhorn; S. 151: Kino-Hotel Meyer; S. 153: Moorexpress EVB; S. 154: Anette Fahrendorf; S. 156: Kehdinger Küstenschiffahrtsmuseum e.V.; S. 158: Schneeherz; S. 159: A. Savin.

2017
© mdv Mitteldeutscher Verlag GmbH, Halle (Saale)
www.mitteldeutscherverlag.de

Alle Rechte vorbehalten.

Gesamtherstellung: Mitteldeutscher Verlag, Halle (Saale)
Lektorat: André Schinkel, Halle (Saale)

ISBN 978-3-95462-906-0

Printed in the EU